Shmuel
Thomas
Huppert **Habe ich**
Anne Frank
gesehen?

Aus dem Hebräischen
von Markus Lemke

Die Originalausgabe erschien 1997 unter dem Titel
Ha'im ra'iti et Anne Frank? auf hebräisch
im Verlag Sifriyat Po'alim, Tel Aviv, Israel.

© by Shmuel Thomas Huppert

Die Deutsche Bibliothek – CIP-Einheitsaufnahme
Hûppert, Šemû'ēl Thômas:
Habe ich Anne Frank gesehen? / Shmuel Thomas Huppert.
Aus dem Hebr. von Markus Lemke.
– 1. Aufl. – Gerlingen : Bleicher, 1999
Einheitssacht.: Ha'im rā'îtî et Annā Franq ‹dt.›
ISBN 3-88350-743-1

© der deutschsprachigen Ausgabe bei Bleicher Verlag GmbH,
Gerlingen 1999
Alle Rechte vorbehalten
Lektorat: Angelika Vogt, Gerlingen
Umschlag: Atelier Reichert, Stuttgart
Herstellung: Wilhelm Röck, Weinsberg
ISBN 3-88350-743-1

Ich möchte dieses Buch dem Andenken meines Vaters, Walter Huppert, widmen, der am 24.2.1997 in hohem Alter verstorben ist. Vater, der in der Erzählung »Ein Gläschen für Bertha« als stattlicher, gutaussehender Mann beschrieben wird, war in meinen Augen einer echter Gentleman, ein honoriger, liebenswerter Mensch, den einzelnen Generationen seiner Familie innig verbunden und Erez Israel in Liebe zugetan.

Meine Mutter, die Schriftstellerin Hilde Huppert, der ein langes Leben beschieden sein möge, schließe ich in meine Widmung ein. Mutter hat über sechzig Jahre (die Jahre des Krieges ausgenommen, die die Liebenden trennten) in Nachsicht und Zuneigung ihr Leben mit Vater geteilt. Mutter ist eine mutige, kluge und zärtliche Frau.

Meinen Eltern verdanke ich mein Leben ... zweifach!

Die erste Kerze zu Chanukka

Am Vorabend des Chanukkafestes* 1942 standen etwa zweitausendfünfhundert Juden, die meisten von ihnen Bewohner des Ghettos, und wir, die wir direkt aus dem Gefängnis dem Transport zugeteilt worden waren, zusammengedrängt auf dem schneebedeckten Bahnsteig von Krosno. Meine rechte umklammerte Mutters warme Hand. Meine linke lag in der knochigen, kühlen Hand von Großvater Siegmund. Vater befand sich zu jenem Zeitpunkt weit weg von uns in Erez Israel*.

Auf dem Bahnsteig liefen deutsche Soldaten umher, neben sich Schäferhunde mit heraushängender Zunge und gefletschten Zähnen. Auch heute, da ich von meinen eigenen vier Wänden in Jerusalem geschützt diese Zeilen niederschreibe, fürchte ich mich noch vor diesen Hunden. Ich höre ihr wölfisches Bellen, habe das Weinen der verstörten Kinder und die beruhigenden Worte und Drohungen der Mütter im Ohr. Mit sechseinhalb Jahren war ich damals schon ein großer Junge und fürchtete mich im stillen.

Die Schneeflocken peitschten uns ins Gesicht. Ein eisiger Wind brannte auf unseren Wangen. Ich erinnere mich an die glänzenden Stiefel der Gestapo-Offiziere, an das Her-

---

* Die mit Stern gekennzeichneten Begriffe werden im Glossar ab Seite 219 erklärt.

rische in ihren Schritten. An die Mitglieder des Judenrates, die sich in dunkle Wollmäntel gehüllt um die Deutschen scharten, mit verhaltener Stimme und zögerlichen Handbewegungen versuchten, einen ihrer Angehörigen zu retten, der irrtümlicherweise auf die Liste der zu Deportierenden geraten war. Ein Jude näherte sich einem deutschen Offizier und versuchte, diesem etwas zu erklären. Der Offizier schien einen Moment unschlüssig, zog dann seine Pistole und erschoß den Mann. Ich sah, wie sein Blut den Schnee tränkte und aufgesogen wurde.

»Mach die Augen zu, Tommy«, flüsterte Mutter.

»Ich will aber gucken«, beharrte ich stur.

»Man hat euch gesagt, nicht aus der Reihe zu treten, bis der Befehl kommt, sich zu rühren«, hielt der Offizier dem Sterbenden vor, wie ein Vater seinem ungezogenen Sohn, und schob die Pistole in das Halfter zurück.

Auf den Gleisen standen in einer langen Schlange düstere Güterwaggons, die Türen wie Mäuler aufgerissen. Bei Einbruch der Dunkelheit befahl man uns, die Bündel und Koffer aufzunehmen und in aller Eile (begleitet von dem Kommando: Schnell! Schnell!) in die Waggons zu klettern. Da man unsere Familie direkt aus dem Gefängnis zu dem Transport geschafft hatte, waren wir ohne Gepäck, weshalb wir unbehindert zu den Waggons liefen, um hineinzuklettern und uns durchzudrängen, gestoßen von den verängstigten Menschen hinter uns und angetrieben durch die Schreie der Deutschen. Mutter hob mich hoch und befahl: »Besetz eine Ecke, Tommy. Ich helfe Großvater beim Einsteigen.«

Die Menschen stießen mit Fäusten, Schultern und Beinen, wurden selbst gestoßen, versuchten ein Fleckchen zu besetzen, auf das man sich setzen oder wenigstens stehen konnte. Dann hörte ich einen Befehl auf deutsch, das

Kreischen der Türen und die Riegel, die mit einem Schlag zugeworfen wurden. Für einen Moment herrschte bedrückende Stille im Waggon, und dann, als sei ein Verbot aufgehoben worden, begannen die Menschen auf jiddisch und polnisch durcheinander zu reden. Ich kann unmöglich all die Worte wiedergeben, die durch den Waggon schwirrten, aber in meinen Ohren sind noch immer die hastigen, sich überschlagenden Rufe, die leisen Stimmen, beruhigend und tief, die Fragen der Kinder, das »Schsch« der Mütter und das Stöhnen der Alten, die tastend nach dem Eimer suchten, um die zum Bersten gefüllte Blase zu entleeren. Ich erinnere mich an ein Wort, das in der Finsternis immer wieder erklang: Auschwitz. Damals kannte ich seine Bedeutung noch nicht, aber ich erriet, daß es ein schlimmes Wort war.

Stundenlang stand der Zug im Bahnhof von Krosno. Noch immer spüre ich den Druck der schwitzenden Körper, die sich gegen mich pressen. Die Enge, die mir die Luft zum Atmen nimmt. Den Gestank von Erbrochenem und Urin. Und dort, in der Finsternis, sagte ein Mann zu meiner Mutter: »Ihr kommt aus dem Gefängnis?«

»Ja.«

»Dann seid ihr bestimmt hungrig«, sagte der Mann, dessen Gesicht ich nicht sah.

Noch ehe meine Mutter bejahen konnte, hatte ihr der Unbekannte einen Proviantbeutel in die Hand gedrückt. Darin fand sich ein viertel Laib Brot, ein Stück Wurst, zwei Äpfel und eine Flasche mit Tee.

»Und was werden Sie essen?« fragte meine Mutter.

»Ich habe Freunde aus dem Ghetto. Die werden schon für mich sorgen. Eßt nur, das geht in Ordnung. Das Brot ist frisch.«

»Ich danke Ihnen.«

Den Namen des Mannes weiß ich bis heute nicht. Ich erinnere mich nur an seine junge Stimme und an Mutters glückliches Flüstern, als sie uns mitteilte, wir hätten Brot!

»Trink einen kleinen Schluck und laß etwas für Großvater übrig. Das Brot kau langsam.«

Später dann setzte sich der Zug in Bewegung, und jemand stieß erleichtert oder aus verzweifelter Resignation hervor: »Endlich!«

Auf der Strecke, die sich in einem schlechten Zustand befand, kam der Zug nur langsam voran. Eine der Frauen, die an der kleinen, mit Stacheldraht verhauenen Luke stand, las laut die Namen der Stationen vor. Draußen konnten wir die Polen den Wachposten zurufen hören:

»Wie viele Schweine schafft ihr weg?«

»Ungefähr zweitausend.«

»Man hätte denen mit Handgranaten den Garaus machen müssen.«

»Schade um die Handgranaten«, lachten die Wachposten.

»Ist Großvater neben dir«, fragte Mutter besorgt.

»Nein. Ich dachte, er ist bei dir. Vielleicht ist er ja ... eingeschlafen.«

»Siegmund!« rief Mutter. »Siegmund, antworte mir!« forderte sie mit Nachdruck.

Es verging einige Zeit, bis wir Großvaters schwache Stimme vernahmen: »Was willst du, Hilde?«

»Du wirst deine Gifttabletten nicht nehmen?!«

Großvater schwieg.

»Halte durch, Siegmund. Du warst Soldat in der Armee des Kaisers. Und jetzt bist du der Mann, der auf uns acht gibt. Laß uns nicht im Stich. Gib mir deine Hand. Ist das deine Hand, die ich drücke?«

»Nein, aber ich habe den Händedruck gespürt. Hab keine

Angst. Ich werde dich und Tommy nicht verlassen. Ich kann mich ohnehin nicht rühren.«

»Ihr Juden, der Vorabend des Chanukkafestes ist heute«, ließ sich die Stimme des greisen Rabbiners von Krosno vernehmen, der mit uns im Waggon war. »Und auch wenn der HEILIGE, gelobt sei er, uns auf die Probe stellt, so müssen wir das Wunder preisen.«
Ich bin mir nicht sicher, ob dies die genauen Worte des Rabbiners waren. Ich erinnere mich nur, daß Mutter mich hochhob, damit ich die winzige Flamme sehen konnte, die in der Dunkelheit flackerte. Mir scheint auch, daß sich Stille im Waggon ausbreitete, daß die Menschen aufhörten, sich vorzudrängen, und daß ganz vielleicht in den erloschenen Herzen ein Funken Hoffnung erglomm.
Und dann kam von der Frau, die neben der Luke stand, plötzlich ein Freudenschrei: »Das ist nicht der Weg nach Auschwitz! Sie bringen uns nicht nach Auschwitz!«
»SEIN Name sei gelobt!« rief der Rabbiner. »Ihr Juden, laßt uns gemeinsam das *Ma'oz tzur yeshu'ati** singen.«
Wir sangen.
Unser Lied trug die gute Nachricht von Waggon zu Waggon.

Vor Tagesanbruch verlangsamte der Zug seine Fahrt und kam schließlich mit kreischenden Bremsen zum Stehen. Die Türen wurden geöffnet und die Schreie der Deutschen – Raus! Raus! – trieben uns ins Freie. Ich löste meine steifgefrorenen und schmerzenden Glieder, sprang in den schneebedeckten Matsch neben den Gleisen und suchte nach Mutter. Ich fand sie, als sie Großvater aufhalf, und wir beeilten uns, uns unter die Menschen zu mischen, die sich zu Reihen aufstellten.

»Durchzählen und das Maul halten«, schrie ein deutscher Offizier.

Wir zählten solange durch, bis die Summe aus Lebenden und Toten mit der Zahl in den Listen übereinstimmte.

»In Ordnung«, zeigte sich der Deutsche schließlich zufrieden.

Bald darauf ließ man uns durch die Außenbezirke einer verschlafenen polnischen Kleinstadt namens Rzeszów marschieren. Die Schwachen wurden von den anderen gestützt. Frauen trugen Kinder auf ihren Armen. Wer zusammenbrach, wurde erschossen und am Wegesrand liegen gelassen; der Offizier vermerkte, daß sich einer weniger in der Kolonne befände.

Beim ersten Morgengrauen kamen wir an den Eingang zum Ghetto und begegneten einer Gruppe von Juden, die zur Arbeit in einer der Fabriken im arischen Teil der Stadt ausrückte.

»*Shalom aleichem*! Woher seid ihr, Juden?« fragten sie uns auf jiddisch.

»Aus dem Ghetto Krosno.«

»Haben sie das Ghetto aufgelöst?«

»Es sind noch einige Tausend dort. Und wie ist das Leben hier, in Rzeszów?«

»Wer arbeitet ... bleibt am Leben. Fürs erste zumindest.«

»Ein frohes Chanukkafest euch!« rief einer der Jungen.

»Das soll ein Fest sein?!« wurde er sogleich zum Schweigen gebracht.

Mutter und mir geschah ein Wunder. Die Zertifikate, die uns Vater aus Erez Israel schickte, retteten unser Leben. Großvater Siegmund, Großmutter Bluma, meiner Cousine Ruthi und den meisten Juden des Ghettos Rzeszów war dies aus irgendeinem Grunde nicht vergönnt. Sie wurden nach Belzec oder Auschwitz deportiert und dort ermordet. Ich weiß nicht, welches Schicksal dem Mann beschieden war, der uns sein Brot gab. Ich werde häufig an ihn erinnert und erzähle jedem von ihm, der bereit ist zuzuhören. Und wenn ich in meinem Haus in Jerusalem, im Kreise meiner Frau, meiner Kinder und Enkelkinder, die erste Kerze zu Chanukka entzünde, gesellt er sich zu uns um den Chanukkaleuchter und singt.

Die Sache mit der Kutsche

An den Namen des Mannes, der meine kranke Mutter besuchen kam, kann ich mich schon nicht mehr erinnern. Er gehörte wohl zu jenen, die durch die Gassen des Ghettos zogen und die finsteren, muffigen Unterkünfte aufsuchten, um den Sterbenden Mut zuzusprechen und die Trauernden zu trösten. Kaum hatte er unsere Kammer betreten, war er bereits am Fenster und öffnete es, wodurch mit einem Mal ein Lichtstrahl in Mutters Winkel fiel – ich weiß nicht, ob aus einem Loch in der Wolkendecke oder aber aus den leuchtenden Augen des Mannes.

»*Shalom aleichem*, Juden«, grüßte er auf jiddisch.

Die übrigen Bewohner, die bemüht waren, so weit wie möglich Abstand zu Mutter zu halten, weil sie fürchteten, sich mit Typhus anzustecken, warnten den Mann, er solle sich besser nicht der fiebernden Frau nähern. Er lächelte entschuldigend und strich über meinen Kopf, fuhr mit seinen langen, dünnen Fingern durch mein Haar, das nicht verlaust war.

Dann grüßte er in sanften Worten Großmutter Bluma, die am Kopfende von Mutters Lager kauerte, beugte sich zu der Kranken hinab und legte drei wächserne, durchsichtige Finger auf ihre glühende Stirn.

»Bitte den Zaddik*, den Gerechten, daß er für deine Mutter betet!« befahl Großmutter.

Doch die Worte blieben mir im Hals stecken, und alles, was

ich tun konnte, war, mit einem Wimmern in Großmutters verzweifeltes Schluchzen einzustimmen.

»Faß seinen Mantel! Laß ihn nicht fortgehen!« drängte sie mich.

Beschämt streckte ich eine Hand aus und griff nach den Schaufäden*, die an vier Ecken unter dem Mantel des Mannes hervorschauten. Erst griff ich zögerlich zu, dann energischer und schließlich mit vor Anstrengung versteinerter Hand.

Der Mann ließ von Mutters fiebernder Stirn ab und führte seine segnende Hand an die meine. Mit seine blauen Augen schaute er prüfend in mein eingefallenes Gesicht. Er brachte seine schmalen, murmelnden Lippen, seinen rötlichen Bartflaum, der gerade erst begonnen hatte zu sprießen, dicht an meine Wange. Nun war er mir ganz nah. Sein Gesicht berührte das meine.

»Laß das Fenster offen stehen«, wies er Großmutter an. »Und vertreib die Sorgen aus deinem Herzen. Heute nacht habe ich im Traum deine Tochter und deinen Enkel im Lande Israel wandeln sehen. Im Lande unseres HERRN ... Ach! Wenn doch allen Juden hier im Raum ein Schicksal wie das ihre beschieden sein könnte. Und du ... hör auf zu weinen. ER, SEIN Name sei gelobt, hat dich schon vernommen«, fügte er halb scherzend, halb erzürnt hinzu.

In jener Nacht ging Mutters Fieber zurück. Sie schlug die Augen auf, hob den Oberkörper ein wenig und flüsterte: »Ist jemand hier gewesen? Mir scheint, als hätte ich einen Mann gesehen.«

»Der Zaddik hat dich besucht. Ein Engel des HERRN hat dir seinen Segen gegeben. Er hat dich zu uns zurückgebracht. Und jetzt leg dich wieder hin. Sprich nicht. Versuch nicht, dich aufzusetzen. Trink einen Löffel warmes Wasser. So ist es richtig. Ganz, ganz langsam.«

Mutter schlürfte das Wasser und danach schenkte sie mir einen liebevollen Blick.

»Bist du in Ordnung, Tommy? Hörst du auf das, was Großmutter dir sagt?«

»Ja, Mama«, sagte ich. Fast hätte ich es herausgeschrien.

»Gut. Laßt mich jetzt schlafen. Ich bin schrecklich müde. Der Weg war lang und beschwerlich. Ich ging und dann strauchelte ich. Jemand reichte mir seine Hand. Ich stand auf und ging weiter.«

Den Namen des Mannes habe ich nie erfahren, doch seine Berührung spüre ich bis heute. Er war ein Wundertäter. Als er uns verließ, war ein Leuchten im Raum. Mag sein, daß die Wolkendecke für einem Moment aufgerissen war. Vielleicht aber war es das Leuchten seiner Augen.

Die Eukalyptusallee ist entlang der Uferböschung von bunten Glühbirnen erleuchtet. Die Einwohner des Ferienortes und die Touristen in flatternden Sommerkleidern spazieren am Ufer des kleinen Bachs, lauschen der Musik aus den Lautsprechern, schlürfen an den Kiosken sprudelnde Erfrischungsgetränke und lecken Eiscreme.

Mein Sohn zieht mich und seine zwölfjährige Schwester zu den Kutschen, die an einer der Holzbrücken warten. Er wählt eine mit Bändern und Ballons geschmückte Kutsche aus, vor die zwei magere Schimmel gespannt sind. Auf der rechten Schulter des Kutschers hockt ein kleines Äffchen, das uns mit feindseligem Blick beäugt und ein warnendes Gurgeln ausstößt.

»Lassen Sie mich die Zügel halten?« fragt mein Sohn den Kutscher.

»Aber sicher. Sobald wir den Boulevard hinter uns haben«, antwortet der Mann auf hebräisch mit unverkennbar polnischem Akzent. »Über den Preis einigen wir uns später, mein Herr. In Ordnung?«

»Machen wir. Steigt ein, Kinder!«

»Willst du mit dem Äffchen spielen? Es beißt auch nicht«, sagt der Kutscher zu meiner schon großen Tochter.

»Wieso das denn? Es wäre am besten, Sie ließen es frei!« Ein Schatten huscht über die blauen Augen des Kutschers. Erstaunt blickt er meine Tochter an. Nimmt den leicht spöttischen Ausdruck auf ihrem sommersprossigen Gesicht wahr. Dann kehrt er uns den Rücken zu und fährt sich mit der Hand über die rötlichen Locken in seinem Nacken, die schon leicht ergraut sind.

Ich versinke in der gepolsterten Ledersitzbank, spüre die ausgeleierten Federn und betrachte den breiten Rücken des Kutschers und seine sparsamen Handbewegungen. Ich höre, wie er die Pferde antreibt, mit warmer, entschuldigender Stimme ... Schon ist mein Sohn zu ihm nach vorne geklettert und hat seinen Platz auf dem groben Sack neben dem Mann eingenommen, streckt eine Hand nach den Zügeln aus und die andere nach dem Äffchen. Das Schaukeln der Kutsche, das Wechselspiel von Licht und Schatten, das durch die Äste der Eukalyptusbäume entsteht, und der eintönige Rhythmus der Hufe benebeln meine Sinne. Wie aus der Ferne höre ich die begeisterten Rufe meines Sohnes und das eindringliche Flüstern meiner Tochter: »Halt die Klappe, Dan! Papa schläft.«

Wieder höre ich den Klang der Hufe, die auf das Straßenpflaster in Krakau schlagen.

»Die Hauptsache ist, du und Tommy kommt aus dem Ghetto heraus«, sagte Großmutter Bluma. Dabei hielt sie die Tränen zurück und drückte Ruthi mit aller Kraft an sich.

»Ich will mitfahren, Tante Hilde«, bat Ruthi.

»Du bleibst bei mir. Wir fahren ein andermal«, sagte Großmutter.

»Ich will aber jetzt fahren. Wie Tommy!«

»Gestatten Sie mir, auch meine Nichte nach Palästina mitzunehmen. Sie ist sechs Jahre alt, genau wie mein Sohn. Ihre Mutter ist gestorben ...«, wandte sich meine Mutter in einwandfreiem Deutsch an den Gestapo-Offizier, der geschickt worden war, um uns zu holen.

»Zwei Zertifikate, zwei Juden!« Der Offizier vermied es, Mutter anzuschauen. Er öffnete und schloß den Riegel seiner Lederaktentasche. »Beeil dich lieber, damit du den Zug nicht verpaßt!«

»Geh nur, Hilde. Ich werde mich schon um Ruthi kümmern«, sagte Großmutter Bluma.

»Es tut mir leid, Ruthi, aber ich kann dich nicht mitnehmen«, sagte Mutter.

»Du bist eine böse Tante.«

Ruthi vergrub sich in Großmutter Blumas Schoß. Ein paar Mal hob sie den Kopf und blickte mich vorwurfsvoll an.

»Nimm Tommys Mantel. In Palästina ist es warm ... er wird ihn dort nicht brauchen«, sagte Mutter.

»Darf ich, Großmutter?« fragte Ruthi und heftete ihre schwarzen, brennenden Augen auf mich.

Ich wollte mich aber nicht von meinem karierten warmen Mantel trennen.

Da zog Mutter mir den Mantel von den Schultern und reichte ihn Ruthi. Das Mädchen hüllte sich genüßlich in den Mantel und wischte mit dem Ärmel die Tränen fort, die über ihre geröteten Wangen rannen.

»Nimm deine Sachen und vorwärts!« befahl der Offizier.

»Ich kann euch doch nicht einfach hier zurücklassen und mich aus dem Staub machen«, sagte Mutter auf jiddisch.

»Die vom Judenrat munkeln, daß in einigen Tagen wieder ein Transport nach Belzec abgeht.«

»Denk an Tommy. Und an Walter, der in Erez Israel ist. Und jetzt laß meine Hand los. Der Deutsche wird langsam nervös«, sagte Großmutter.

Ich küßte Großmutter und drehte mich dann zu Ruthi, meiner Freundin. Sie blickte mich voller Wut an, warf sich dann zu Boden und vergrub ihren Kopf in meinem Mantel. Wenig später flohen wir, wie zwei Verräter, die Familie und Stamm preisgegeben hatten.

Als wir den leeren Appellplatz überquerten, schauten uns aus den mit Brettern und Kartons vernagelten Fenstern die Juden des Ghettos nach, durchbohrten unseren Rücken mit neiderfüllten Blicken.

Neben dem Tor wartete ein kleiner, glänzender Wagen. Der junge Fahrer ließ das Fahrzeug an, und wir fuhren zum Bahnhof.

Während der Zugfahrt nahm ich gierig die schöne Landschaft in mich auf, die vor meinen hungrigen Augen dahinflog. Ich sah Dörfer, deren Häuser schwarze Schieferdächer hatten, aus deren Schornsteinen weißer Rauch in den wolkenverhangenen Himmel aufstieg; ich sah die aufgeschichteten Holzstöße, die Kirchtürme mit ihren Glocken, auf deren Spitzen der Gekreuzigte seine Arme ausbreitete, die die ganze Welt umfangen wollten, sah die Schweine, die im Schlamm wühlten, die gesunden Kinder der Polen, die Pferde und Kühe, die auf saftigen Wiesen weideten und erstaunt der stampfenden Eisenbahn nachsahen, und ich sah die Bauern, die mit ihren Heugabeln Futterballen auf die Leiterwagen warfen.

Wir kamen durch Kiefernwälder, folgten schäumenden Bächen, an deren Ufern Himbeerbüsche, Pappeln und Birken wuchsen, überquerten Brücken und wurden an

Bahnhöfen aufgehalten, in denen furchteinflößende Soldaten und Polizisten patrouillierten, Männer und Frauen hin- und hereilten, die Bündel und Koffer hinter sich herzogen. Dies waren freie Menschen.

Sieben Monate war ich im Ghetto Rzeszów eingesperrt gewesen, hatte mich im Zimmer oder im Keller versteckt, wenn Mutter zum Stricken in den Betrieb mußte.

»Wenn du auf die Straße gehst, werden dich die Hilfspolizisten des Judenrats schnappen! Das wäre dein Ende.«

Die Mitreisenden warfen uns verstohlene Blicke zu, errieten, daß wir Juden waren. Ein Pole mit eingefallenen Wangen und zahnlosem Mund spuckte aus und gab einen Fluch von sich. Eine alte Bäuerin, die eine wollenes Umschlagtuch um den Kopf gewickelt hatte, bekreuzigte sich. Der Offizier holte ein Butterbrot und einen Apfel aus seinem Ranzen und begann, mit gemessenen Kaubewegungen zu essen. Als er bemerkte, daß ich meinen Speichel schluckte, weil mir das Wasser im Mund zusammenlief, überlegte er einen Moment, wühlte dann in seinem Ranzen und beförderte einen weiteren Apfel zu Tage.

»Für dich, Junge.«

Ich schaute Mutter an, wartete auf ihre Erlaubnis.

»Nimm ihn ruhig. Und sag danke. Auf deutsch.«

Ich nahm den Apfel und dankte dem Offizier. Der brummte etwas und setzte seine Mahlzeit fort.

»Möchtest du abbeißen?« fragte ich Mutter.

»Ich bin nicht hungrig.«

Am Bahnhof in Krakau wartete eine schwarze Kutsche auf uns. Der Offizier befahl uns einzusteigen und wies den Kutscher an, die Tür zu schließen und das Fenster zu verhängen.

Wir saßen im Dunkeln. Ich schmiegte mich an Mutter, nahm ihre Wärme auf und hielt ihre Hand. Wir wechselten nicht ein Wort. An meine gespitzten Ohren drangen die Stimmen von Menschen, das einsame Hupen eines Autos, das Kreischen der Straßenbahn, das Klappern der Pferdehufe und das Rattern der Kutschenräder, die über das Pflaster holperten. Ich wußte nicht, wohin uns der Offizier brachte. Ich versuchte an Vater zu denken, der in Erez Israel auf uns wartete.

Die Kutsche hielt. Ein Tor wurde geöffnet. Ein Posten schlug die Hacken zusammen. Erneut das Hallen der Hufe und der Kutschenräder. Und dazu die Finsternis. Dann hörte ich Mutters warmes Flüstern: »Hab keine Angst, Tommy.«

Kurz darauf knirschte die Bremse. Für einen Moment herrschte Stille. Plötzlich schien es drunter und drüber zu gehen. Gleißendes Tageslicht brach durch die rasch aufgerissene Tür. Schließlich ein Befehl auf deutsch: »Raus!«

Wir sprangen aus der Kutsche und rieben uns die Augen. Um uns herum standen bewaffnete Soldaten und vor uns erhob sich das Zentralgefängnis von Krakau, Monte Lupich.

Ich öffne die Augen. Die Kutsche rollt die Strandpromenade entlang, auf der Straße, die in Richtung Jaffa führt. Mein Sohn sitzt neben dem rothaarigen Kutscher, hält die Zügel fest und spornt die erschöpften Gäule an. Meine Tochter, der das Meersalz in der Nase kitzelt, muß niesen.

»Gesundheit!« sage ich.

»Danke. Schau nur, Papa, wie sich die Sonnenstrahlen auf dem Wasser spiegeln.«

Der Zaddik aus Dortmund

Als wir am Morgen des Yom Kippur* den Vorhang beiseite schoben, sahen wir ein blinkendes Neonkreuz, das hoch oben in den Wolken hing, und mit seinem kränklichen, violettfarbigen Licht nicht nur Dortmund und seine Bewohner beschirmte, sondern auch uns, zwei Jerusalemer, die in Deutschland unterwegs waren.

Ich blickte in den quadratischen, von gräulichen Gebäuden umgebenen Hof und mußte an das Gefängnis in Krakau denken. An den Gefängnishof, in dessen Mitte sich ein Kohlenhaufen erhob, auf dem des Nachts die Juden erschossen wurden. Wenn ich vom Geräusch der Schüsse verschreckt aufwachte, flüsterte mir Mutter zu: »Schlaf weiter Tommy, das ist nur ein böser Traum«, und hielt mir die Ohren mit ihren warmen Händen zu.

Unten luden Packer in blauen Overalls Fleisch aus einem Kühllaster aus. Auf ihren Schultern trugen sie die blutigen Rinder- und Schweinehälften in die Küche des Hotels. In solchen Augenblicken verstehe ich Mimi, meine Frau, die es vorzieht, Obst und Gemüse zu essen.

Eine kurze Rücksprache mit der Empfangsdame und schon waren wir auf dem Weg zur Synagoge, schauten in den Stadtplan und folgten der Route, die man uns eingezeichnet hatte. Befremdet stellten wir fest, daß dies in Dortmund ein Tag wie jeder andere war. Auf den breiten Straßen strömte der Verkehr, die Läden waren geöffnet und die

Menschen gingen zum Dienst. Nicht zum Gottesdienst. Wie, um uns in Versuchung zu führen, mußten wir auf unserem Weg an ungefähr zehn Bäckereien und Konditoreien vorüber, in deren Schaufenstern Semmeln, Baguettes und verschiedene Sorten dunkler, mit Mohn bestreuter Brötchen lagen, die uns das Wasser im Mund zusammenlaufen und Unerhörtes denken ließen: Jetzt davon abbeißen! Wir waren doch in Deutschland. Weit weg von Zuhause – niemand würde es sehen, niemand etwas erfahren. Ich faste seit meinem siebten Lebensjahr. Seit Bergen-Belsen. Die Essensrationen, die wir bekamen, waren derart spärlich, daß ich das Fasten ohnehin kaum spürte. In Erinnerung geblieben ist mir, daß Mutter mir zum Ausklang des Yom Kippurs zwei Scheiben Brot gab und mir einen Blick schenkte, der versprach: Nun, nachdem ich gefastet hatte, würde Gott uns beschützen.

An Hauswänden und auf Straßenschildern bemerkten wir immer wieder hingeschmierte Protestparolen: *Keine AKWs in Deutschland! Kampf den Neonazis! Fremde raus! Freiheit für die Palästinenser!* Alles friedlich vereint, in roten und schwarzen Lettern.

Nach einem Marsch von gut vierzig Minuten fanden wir uns in der Prinz-Karl-Friedrich-Straße wieder, vor der in unserem Plan angegebenen Hausnummer. Doch zu unserer Überraschung deutete nichts an dem Gebäude darauf hin, daß es sich um eine Synagoge handelte. Es war ein normales Wohnhaus ohne Menora oder Davidstern, nur die Briefkästen trugen jüdische Familiennamen.

Während wir noch einen Blick auf die Briefkästen warfen und uns fragten, ob dies tatsächlich die richtige Adresse wäre, öffnete sich die massive Eingangstür, ein älterer Mann trat heraus und fragte nach unserem Begehr.

»Wir suchen die Synagoge«, sagte ich auf deutsch.

»Und wer sind Sie?«

»Gäste aus Jerusalem.«

»Kann ich Ihre Pässe sehen?«

»Selbstverständlich«, sagte Mimi.

Der Mann blätterte in den Pässen, blickte uns prüfend an und meinte schließlich: »Ein herzliches Schalom. Treten Sie bitte ein. Die Synagoge befindet sich im Inneren des Hauses.«

»Warum gibt es kein Schild, daß dies eine Synagoge ist?« fragte ich.

Der Jude sah mich erstaunt an und seufzte.

»Es ist besser, vorsichtig zu sein. Wir sorgen uns wegen der Antisemiten und der Araber. Bitte kommen Sie herein, meine Herrschaften, gleich wird mit dem Mussafgebet* begonnen.«

Wir traten ein und der Mann schloß – sicherheitshalber – die Tür hinter uns ab, aus Angst ... Erst da wurde mir klar, daß ich mich unter Diasporajuden befand, die Angst vor gewalttätigen Gojim* und Terroristen hatten. So wie einst, wie immer.

Mimi stieg die Treppe zur Frauenabteilung hinauf, und ich betrat den großen Hauptraum, wobei ich für einen Augenblick die Aufmerksamkeit der Betenden auf mich lenkte. Die Wände der Synagoge waren aus roten Ziegelsteinen und zum Teil mit Eichenholz verkleidet. Von der Decke hingen kristallene Kronleuchter. Zu beiden Seiten des Thoraschreins standen achtarmige Menoroth aus Messing. Vor den Stühlen, die mit purpurnem Samt gepolstert und auf deren Rückenlehnen kleine Täfelchen mit den Namen der Betenden angebracht waren, fanden sich Betpulte mit Fächern für Gebet- und Gesangbücher. Es war alles da – bis auf den »Geruch« von Tradition und Heiligkeit.

In der Synagoge waren etwa dreißig Juden zum Gebet versammelt, zumeist alte Männer in dunklen Anzügen, die in ihre Gebetsmäntel gehüllt dasaßen. Hier und da sah man einige geschäftige junge Männer und auch zwei oder drei Kinder.

Kaum hatte ich mich gesetzt, kam schon der Synagogendiener zu mir und fragte, auf deutsch, ob ich einen Gebetsmantel wünsche. Ich bejahte und fügte, mit einem Anflug von Stolz, hinzu, ich hätte mein eigenes Gesangbuch bei mir. Nach dem Segen hüllte ich mich in den Gebetsmantel und begann zu beten, mischte meine hebräischen Worte unter die dort übliche Gebetsform in jiddisch-deutscher Aussprache.

Auf dem Stuhl neben mir saß ein ungefähr sechzigjähriger Jude, in Lederjacke und Schirmmütze, ein schmächtiger Mann mit länglichem Gesicht und eingefallenen Wangen. Gleich auf den ersten Blick wirkte er auf mich wie ein Gesandter, wie die Reinkarnation von Menachem-Mendel und Rabbi Benjamin in einem. Mein Nachbar sprach flüsternd mit melodischer Stimme auf einen alten Juden ein, der links von ihm saß. Seine Worte wurden von verschämten Handbewegungen und häufigen Seufzern begleitet. Der Angesprochene beließ es bei einem unverständlichen Brummen und vertiefte sich dann wieder in sein Gebetbuch. Doch der »Gesandte« rückte nicht von ihm ab und redete weiter auf ihn ein.

Ich wollte ihm signalisieren, er störe, rief mir dann aber in Erinnerung, daß ich nur Gast war, worauf ich mich wieder meinem Gebet zuwandte und die in mir aufsteigende Wut zurückhielt. Inzwischen hatte sich in unserer Reihe ein weiterer Jude niedergelassen, und mein Nachbar begann sogleich, auch diesen zu belästigen.

Plötzlich kam mir in den Sinn, der »Gesandte« könne möglicherweise in die Synagoge gekommen sein, um mit jemandem zu reden. Einem Bekannten oder auch nur einem Wildfremden sein Herz auszuschütten. Den Teufelskreis der Einsamkeit zu durchbrechen, der ihn Woche für Woche und das ganze Jahr gefangenhielt. Vielleicht war er ja Überlebender eines Konzentrationslagers. Ein Jude, der seine ganze Familie verloren hatte. Ein vom Schicksal geschlagener, gepeinigter Mann. Ein Mensch, der hier das Gespräch mit seinen Nächsten suchte, die ermordet worden waren, mit seinem GOTT, mit sich selbst.

Kaum hatte ich diese Erleuchtung, überkamen mich Schuld- und Reuegefühle, ich könnte ihn verletzt, ihm Unrecht getan haben – und das ausgerechnet am Yom Kippur. Ich schaute in sein gequältes Gesicht und beeilte mich, ihn im Grunde meines Herzens um Verzeihung zu bitten.

Mein Nachbar erhob sich von seinem Stuhl und sagte auf deutsch mit jiddischer Färbung: »Ich muß anoch gejn in ein andere Bejt-Knesset*.«

Er bückte sich und hob eine Plastiktüte aus irgendeinem Supermarkt auf, drängte sich durch die Stuhlreihen und strebte dem Ausgang zu.

»Schalom, Elias«, konnte ich gerade noch flüstern, ehe er verschwunden war.

Als er ging, wußte ich mit Bestimmtheit, daß er es gewesen war, der für uns gebetet hatte. Daß sein konfuses Gerede den wolkenverhangenen Himmel durchbrochen hatte und bis zum Thron GOTTES vorgedrungen war.

Ich erinnerte mich an den »Zaddik vom Lande« und an die sechsunddreißig Zaddikim, die Gerechten, auf denen die Welt ruht. Dieses Mal hatte einer von ihnen an meiner Seite gesessen, »hatte ich den Saum seines Mantels berühren können«.

Der Kantor intonierte mit seiner angenehmen Stimme weiter traditionelle Festtagsgesänge, wobei er regelmäßig den weichen »Schin«-Laut mit dem scharfen, gezischten »Ssin« verwechselte. Die Gemeinde der Betenden schloß sich an, und sogar ich sang mit. Danach wurde die Thorarolle durch den Mittelgang getragen, wanderte zwischen den Stuhlreihen hindurch, und auch ich berührte ihren bestickten Mantel mit den Schaufäden meines geliehenen Gebetsmantels.

Als ich Mimi, der gebürtigen Israelin, von dem »Zaddik aus Dortmund« erzählte, blickte sie mich ungläubig an: »Ich habe mich dort fremd und isoliert gefühlt. Das Gebet hat nicht den geringsten Eindruck bei mir hinterlassen.«

Habe ich Anne Frank gesehen?

»Sie haben gesagt, Sie seien in Bergen-Belsen gewesen. Haben Sie dort Anne Frank gesehen?«
Die Frage wurde mir mit heller, klarer Stimme gestellt, auf deutsch, von einem Mädchen, das in der ersten Reihe einer reformierten Kirchengemeinde saß, in der Hansestadt Lübeck, der Stadt Thomas Manns. Das Mädchen erhob sich mit einer entschlossenen Bewegung, nachdem es von seinen Eltern die Erlaubnis erhalten hatte. Die Kleine trug einen dunklen Pullover und einen blauen Rock, dazu weiße Strümpfe. An ihren Ohrläppchen funkelten herzförmige Ohrringe aus Gold. Als sie aufstand, rückte sie ihren blütenweißen Spitzenkragen gerade, der ihr das Aussehen eines unschuldigen, ordentlichen Schulmädchens verlieh. Sie fragte wie Kinder fragen, die wirklich etwas wissen möchten.
Ich hatte ihren Blick wahrgenommen, als ich das Publikum in Augenschein nahm, während der Geistliche mich der Gemeinde vorstellte. Er erinnerte an die »Reichskristallnacht« und beschrieb aufgeregt, wie sein Vater durch die Straßen Lübecks gelaufen war, erschüttert darüber, was die Nazischläger seinen jüdischen Nachbarn antaten.
»Vater schrie: ›Was tut ihr!?‹ Aber niemand achtete auf seine Proteste.«
In dem schmucklosen Kirchenraum, der Strenge und Trübsinn verbreitete, fehlten jegliche Statuen oder Gemälde von

Heiligen. Ein riesiges Kreuz, an das Jesus der Jude genagelt war, hing im Altarraum, blickte auf die Betenden herab und stach mir in den Rücken. Was hatte ich mit all diesen rechtschaffenen Deutschen zu tun, die für Verbrechen sühnen wollten, die andere Deutsche begangen hatten?

»Bitte lassen Sie Ihre Mutter wissen«, bat einer der Anwesenden, ein Mann von Mitte vierzig, »daß wir verstehen, warum sie sich weigert, deutschen Boden zu betreten. Übermitteln Sie ihr unsere besten Wünsche und versichern Sie ihr in unserem Namen ...« Er stockte, blickte sich um, ließ sich von der wohlmeinenden Stimmung ermutigen und versprach dann feierlich: »... daß es heute in Deutschland eine Generation von jungen Menschen gibt, die nicht zulassen wird, daß so etwas noch einmal geschieht.«

Ich zweifelte nicht an der Aufrichtigkeit des Sprechers, der sich der Erscheinungsformen von Antisemitismus und Fremdenfeindlichkeit im Deutschland Kanzler Kohls wohl bewußt war. Aber ich war nicht in diese Kirche gekommen, um mit den Anwesenden zu diskutieren oder ihnen Ablaß zu gewähren. Ich war gekommen, um von meiner Cousine Ruthi zu erzählen, der die polnische Vorsteherin des Klosters die Aufnahme verweigert und sie statt dessen an die Häscher ausgeliefert hatte. Ich war gekommen, um von Großmutter Bluma und Großvater Siegmund zu erzählen, von Mutters Schwestern und deren Kinder, die in Auschwitz und Treblinka vergast worden waren. Zu erzählen, damit sie Bescheid wüßten, und mich dann so schnell wie möglich von der grünen, schönen Erde Deutschlands zu verabschieden.

»Ich freue mich, daß du dich für das Schicksal von Anne Frank interessierst«, sagte ich zu dem deutschen Mädchen. »Du hast sicher gelesen, daß Anne noch ein Mädchen war, eines der über eineinhalb Millionen Kinder, die von den

Nazis ermordet wurden. Es ist unmöglich, sich eine solche Zahl vorzustellen. Wie viele Kinder seid ihr in eurer Schule? Wie viele Einwohner hat Lübeck?«

Die Kleine strich sich durch das blonde, streng zurückgekämmte Haar. Ihr Vater bedeutete ihr, sie solle sich setzen, aber sie blieb weiter stehen und ließ ihre blauen, fragenden Augen nicht von mir.

»Ich habe mich nie gefragt, ob ich Anne Frank tatsächlich gesehen habe. Wenn ich mich jetzt daran erinnere, wie ich am Stacheldrahtzaun stand, der unsere Baracke umgab, scheint mir, daß ich sie vielleicht gesehen habe, auch wenn ich damals nicht wußte, daß es Anne Frank war. Ich stand oft am Stacheldrahtzaun, weil ich hungrig war und auf den ersehnten Handkarren wartete, der unsere winzigen Brotrationen oder einen Topf mit Suppe brachte, die aus Futterrüben gemacht war. Ich wollte derjenige sein, der verkündete: Sie bringen Essen! In den allermeisten Fällen wurde ich enttäuscht. Auf den Handkarren türmten sich Menschenleichen, die zu den Verbrennungsöfen gebracht wurden.

Auch heute noch habe ich den Leichengeruch in der Nase, der mit dem Rauch in den Himmel über Bergen-Belsen aufstieg.

Die Baracke Nummer zehn lag in unmittelbarer Nähe zur Hauptstraße von Bergen-Belsen, gegenüber der Lagerküche. Die Hauptstraße war ein breiter Schotterweg, festgestampft von den Holzschuhen und nackten Sohlen der Häftlinge, die im Lager eintrafen. Auf ihren mageren, geschundenen und abgefrorenen Füßen schleppten sie sich mit letzter Kraft dahin, stützten ihre Kameraden, die zu straucheln drohten, versprachen ihnen, daß sie schon bald Essen bekommen und ausruhen würden, flehten sie an durchzuhalten, da die alliierten Truppen schon ganz nah und der Krieg in wenigen Tagen beendet sein würde. Ich habe erloschene, zu Tode erschöpfte und verzweifelte Menschen gesehen. Hinter ihnen lagen die Lager, wo sie von ihren Angehörigen getrennt worden waren, und der strapaziöse Marsch durch Kälte, Regen und Schnee auf den zerbombten Straßen Polens und Deutschlands. Sie hatten ihre Brüder und Schwestern zurücklassen müssen, die zusammengebrochen und von den Deutschen erschossen worden waren. Bergen-Belsen war für sie die letzte Station, das Ziel aller Wünsche nach einem Marsch, der später einmal ›Todesmarsch‹ genannt werden sollte.

Sie blieben am Stacheldrahtzaun vor unserer Baracke stehen, in der die ›privilegierten‹ Häftlinge untergebracht waren, jene, die Pässe der alliierten Staaten besaßen. Dann richteten sie ihre tief in den Höhlen liegenden Augen auf uns, die Kinder, konnten nicht glauben, daß es in Europa noch jüdische Kinder gab. Sie suchten unter uns nach ihren eigenen Kindern, die man ihnen weggenommen hatte, standen wie erstarrt und stierten, bis ein deutscher Soldat die Menschen mit dem Gewehrschaft weitertrieb und seinen Hund auf sie hetzte. Da rissen sie sich von dem wunderbaren Anblick los, seufzten und gingen mit erloschenem Blick weiter.

Auch hier, in dieser Kirche in Lübeck, sehe ich noch immer ihre Augen.

Einmal, als wir am Zaun standen, blieb eine Gruppe junger Frauen mit kahlrasierten Köpfen vor uns stehen. Eine von ihnen, die mit Mutter zusammen in der Werkstatt im Ghetto Rzeszów gearbeitet hatte, erkannte sie. ›Weißt du, was mit meiner Mutter passiert ist, mit Ruthi und meinem Schwiegervater?‹ fragte Mutter. Die Frau schwieg. Dann sagte sie mit hohler Stimme: ›Sie sind nach Auschwitz geschickt worden. Wir kommen von dort.‹

›Alle?‹

Die Frau senkte den Kopf. Plötzlich ertönte ein Befehl: Los!! Los!! Sie verschwand und wurde von der Kolonne der Frauen verschluckt. Mutter drückte ganz fest meine Hand, bis meine Fingerknöchel weiß wurden.

›Möchtest du, daß ich dir etwas vorsinge?‹ versuchte ich sie zu trösten. Immer wenn Mutter traurig zumute war, sang ich ihr etwas vor. ›Nein!‹ schrie sie, erschrak und nahm mich in den Arm.

Anne Frank ist über jene Schotterstraße marschiert, gegen Ende Oktober 1944. Sie kam von Auschwitz nach Bergen-Belsen, zusammen mit ihrer Schwester Margot. So ist es gut möglich, daß ich sie mit eigenen Augen gesehen habe, als ich am Stacheldrahtzaun stand.

Ich erinnere mich auch an das Tor, durch das Anne das Lager betreten mußte. Die erste Zeit, die wir in Bergen-Belsen waren, wurden wir hin und wieder in die Dusche geführt, die sich unweit des Lagertores befand. Auf dem Weg dorthin kamen wir an den freien Flächen zwischen den Baracken vorüber, wo Stunde um Stunde Appelle abgehalten wurden. Die Deutschen zählten wieder und wieder durch, sowohl die Häftlinge, die noch am Leben waren und die bis auf die Knochen abgemagert und vor Kälte zitternd in Reih und Glied standen, als auch die Leichen, die bereits auf dem vereisten Boden lagen. Sie achteten peinlich genau darauf, daß die Zahlen übereinstimmten und die Häftlingslisten korrekt blieben.

Noch immer sehe ich die nackten Leiber im Duschraum. Spüre den kochend heißen Wasserstrahl und die Dämpfe, die aus den in die Decke eingelassenen Duschköpfen brechen. Ich berühre die quaderförmige, graugrünliche Seife, die einen ekelerregenden Geruch verströmt.

Anne und ihre Schwester waren im Holländerlager untergebracht, zunächst in Zelten, die in einer Sturmnacht in sich zusammenfielen, und danach in einer Baracke, die einige hundert Meter von unserem abgetrennten Lagerbereich stand. Die beiden Schwester waren krank und völlig erschöpft. Anfang März starb Margot an Typhus. Als ihre Schwester starb, brach für Anne eine Welt zusammen. So berichteten später die Frauen, die mit ihr in einem Block gelebt hatten. Anne Frank verschied nur wenige Tage nach dem Tod ihrer Schwester Margot. Sie starb an Hunger, Typhus oder an gebrochenem Herzen. Sie wußte nicht, daß ihr Vater, Otto, da noch am Leben war. Hätte sie es gewußt, ... vielleicht hätte sie durchgehalten.

Es gab einige mutige Holländer, die ihr Leben aufs Spiel setzten und die Mitglieder der Familie Frank versteckten. Aber es gab auch einen anonymen Denunzianten, der sie für Geld verriet – oder aber, weil er die Juden haßte. Während des Holocausts waren nur wenige bereit, uns zu helfen. Die Völker der Welt verschlossen sich vor der Vernichtung der Juden. Ihnen allen war das Schicksal von Anne gleichgültig, das von Edith, ihrer Mutter, das Schicksal von Ruthi, Großmutter Bluma und von Großvater Siegmund. Ich habe meiner Mutter versprochen, alle ihre Namen zu nennen. Nur unter dieser Bedingung hat sie mir gestattet, nach Deutschland zu fahren.

Das Tagebuch der Anne Frank hat Millionen von Lesern bewegt. Es hat auch dein Herz berührt. Dafür danke ich dir.

Meine Cousine Ruthi wurde mit einem Transport aus dem Ghetto Rzeszów nach Auschwitz deportiert. Von dort ist sie nicht zurückgekehrt. Ruthi war ungefähr in deinem Alter. Sie hatte zwei schwarze, lange Zöpfe, an denen ich gern zog. Ihre Wangen waren wie süße Krapfen und die Augen wie brennende Kohlen.

Der Dichter Paul Celan, dem ich in Jerusalem begegnet bin, hat einmal geschrieben:

>Dein goldenes Haar Margarete
dein aschenes Haar Sulamith.‹

Ich bin nicht sicher, ob ich deine Frage beantwortet habe.«

»Doch, das haben Sie«, sagte das Mädchen mit Erregung in der Stimme, die in der Weite des Kirchenraums widerhallte.

»Wie ist dein Name?« fragte ich.

»Ich heiße Anne«, sagte sie und ließ sich neben ihren Eltern nieder.

*

Die erste Fassung der Erzählung »Habe ich Anne Frank gesehen?« rekonstruiert mit dokumentarischer Genauigkeit meine Eindrücke von der Begegnung in jener Lübekker Kirche. In dieser ursprünglichen Version fehlte der Schlußabsatz, in dem der Erzähler das deutsche Mädchen nach seinem Namen fragt und sie (stolz) antwortet, ihr Name sei *Anne*.

Nachdem die Erzählung in der Literaturbeilage der Zeitung *Yediot Acharonot* erschienen war, hatte ich das unbestimmte Gefühl, im Prozeß des Schreibens sei etwas außer Kontrolle geraten oder entstellt worden. Ich nahm mir die Erzählung erneut vor und begriff, daß ich, indem ich dem deutschen Mädchen von der rotwangigen Ruthi erzählt hatte und von den jüdischen Kindern, die die Nazis ermordet hatten, die Schuld an ihrem Tod auf die schmalen Schultern dieses Mädchens geladen hatte. Dabei war dieses Mädchen doch mehr als dreißig Jahre nach dem Ende des Krieges zur Welt gekommen ... und zeigte Interesse am Schicksal der Anne Frank. Außerdem mußten auch ihre

Eltern Menschen von Anstand sein, denn sie hatten ihre Tochter zum Vortrag eines Zeitzeugen mitgenommen, der gekommen war, um über seine Erlebnisse während des Holocausts zu sprechen.

In der Erzählung finden sechs Mädchengestalten Erwähnung: Vier tote Jüdinnen (Anne Frank, ihre Schwester Margot, Ruthi und Sulamith) und zwei Deutsche (das fragende Mädchen, das keinen Namen hat, und Margarete). In der ursprünglichen Version der Geschichte stand die (rassistische) Unterscheidung zwischen den glutäugigen, schwarzhaarigen Mädchen und den blonden Arierinnen im Vordergrund. Eine derartige Unterscheidung zwischen der (faustianischen) Margarete und Sulamith, (dem lieblichen Mädchen, das in den Versen des Hohen Liedes gepriesen wird ... und im Rauch von Auschwitz zum Himmel aufsteigt), klingt in Celans »Todesfuge« an, aus der ich in Lübeck zitierte.

»Du hast diesem deutschen Mädchen Unrecht getan, indem du es auf stereotype Art und Weise den Nazis zugeordnet hast, die deine Cousine Ruthi ermordeten«, sagte ich mir selbst. »Dieses mutige Mädchen hat eine komplexere und sensiblere Ausgestaltung verdient.«

Als ich verstand, daß Trauer und Haß sich meines sprachlichen Ausdrucks bemächtigt hatten, fügte ich die abschließenden Zeilen hinzu, in denen das Mädchen dem Erzähler offenbart, daß sein Name Anne ist. Damit drückt es Identifikation mit dem Schicksal des jüdischen Mädchens aus, bewahrt dessen Andenken und schlüpft in seine Gestalt. Die Anne in der Erzählung durchbricht die Mauer zwischen Verfolgern und Verfolgten. Die unschuldige deutsche Schülerin nimmt sich Anne Franks an, wobei mir nur zu hoffen bleibt, daß Anne Frank sich gegen eine solche Umarmung nicht verwahrt hätte.

Die nachträgliche Veränderung belegt, daß die literarische Fiktion zuweilen wirklicher und wahrhaftiger sein kann als die Realität selbst, die der Autor wiederzugeben und zu beschreiben bemüht war. Die Neufassung der Erzählung drückt meine Überzeugung aus, daß »jeder Mensch einen Namen trägt« – auch dieses deutsche Mädchen.

Großvater Selig

Was weiß ich tatsächlich noch von Großvater Selig? Ich meine konkret, Dinge, die sich mit Worten beschreiben lassen: Wie hat er ausgesehen, wie war er gekleidet, pflegte er sich durch den Bart zu streichen und seine kurzen Finger für einen Moment am Kinn verweilen zu lassen, damit der Daumen dort im Dickicht bohren und die schlohweißen Barthaare kringeln konnte? Wie hat er – auf jiddisch selbstverständlich – mit Großmutter Bluma geredet? Hat er ihr, wie ein Bräutigam seiner Liebsten, ins Ohr geflüstert oder sie mit vor Zorn heiserer Stimme angefahren, ihr Vorhaltungen gemacht, weil sie die Söhne und Töchter verteidigte, die gesündigt hatten? Höre ich von hier, von meinem Zimmer in Jerusalem, tatsächlich noch die Worte, die er seinem begabten Sohn entgegenschleuderte, als Dovidel seine Schläfenlocken abschnitt und mit der Unbeirrbarkeit eines Sechzehnjährigen verkündete, er habe beschlossen, die Jeschiwe* zu verlassen, sich der zionistischen Jugendbewegung Hashomer Hatza'ir* anzuschließen und nach Erez Israel zu gehen? Einfach so. Dabei fixierte er mit seinen kurzsichtigen Augen die Holzdielen des Fußbodens und weigerte sich, dem bohrenden Blick seines Vaters zu begegnen, der ihn schräg von unten betrachtete (Großvater war ein Jude von wenig stattlicher Größe). Spüre ich noch seinen warmen, kräftigen Händedruck, der einem die Finger brechen konnte? Habe ich noch den Geruch seiner

Haut in der Nase, die nach der rituellen Reinigung in der Mikwe* (oder dem Bad in der Wanne) den Duft von Sauberkeit verströmte? Rieche ich noch Großvaters Schweiß, der in Strömen lief, wenn er sackweise Kartoffeln und Zwiebeln auf seinen breiten Schultern schleppte oder Kisten mit Äpfeln und Birnen von dem Pferdegespann zu seinem Obst- und Gemüseladen trug?

Sehe ich noch seine schwarzen glühenden Augen? Spüre ich noch seinen durchdringenden Blick, der einen zwang, alles zu gestehen? Um Gottes Willen nicht zu lügen. Zu reden ... anfangs noch stammelnd und dann in einem Schwall von Worten. Sich auszuschütten, um hernach Erleichterung und Befreiung von aller Schuld zu empfinden, wie nach einer Beichte. Und schließlich in einem Sekundenbruchteil das flüchtige Lächeln wahrzunehmen, das seine schmalen, verkniffenen Lippen umspielte, das Lächeln eines Mannes, der ohnehin um die Geheimnisse des anderen weiß und diesem kleinen, einfältigen Menschenkind nur Gelegenheit gibt, das Herz von seiner Last zu befreien und das begangene Unrecht zu bereuen.

Ich stehe mit Mutter in der winzigen Kammer, nachdem Großvater sie zu sich gerufen und die Tür verriegelt hat. Mutter weicht einen Schritt zurück, als er die verrutschte Kippa* richtet und sich ihr nähert, sie gegen die weißgetünchte Wand drängt. Sie tastet nach ihren langen Zöpfen, preßt die Lippen zusammen und schwört sich, nicht ein Wort zu sagen. Denn auch wenn sie versuchte zu erklären, es würde nichts nützen – der Vater würde nicht verstehen. Warum? Weil er von seinen Töchtern verlangt, fleißig, gottesfürchtig und keusch zu sein und nicht die jungen Männer mit Blicken zu bedenken, die diese als Einladung auslegen könnten, sich zu nähern und den Apfel vom Baum zu pflücken. Soll er also denken, was er will. Soll er sie doch ohrfeigen (was er niemals getan hat!) oder sie, wenn es ihm Spaß macht, mit dem Gürtel schlagen, wie er es bei ihren Brüdern tut, wann immer er diese beim Fußballspielen erwischt. Sie würde keinen Ton von sich geben. Wie er wohl geschlagen haben mag? Er wird wohl den Gürtel (oder Strick) aus den Schlaufen seiner Hose gezogen haben, um dann dem Sohn zu befehlen, sich über sein Knie zu legen (fast wie auf einen Opferaltar, hat mir Onkel Dovidel einmal erzählt). Dann wird er ihm die Hose heruntergezogen und ihn mit aller Kraft geschlagen haben, wobei er die Schläge einzeln herunterzählte, so als drücke er einem Bauern Geldscheine in die Hand, ängstlich darauf bedacht, nicht einen Sloty zu verlieren oder zuviel zu geben. Immer wieder wird er sich hinuntergebeugt und in das Gesicht des Jungen geschaut haben, um zu sehen, ob sich dessen Miene bereits verändert hatte oder er stammelnd Reue bekundete. So erteilte er dem Kleinen eine gute Lehre, denn wer sein Kind liebt, züchtigt es. Doch er wird sich bemüht haben, seinen Zorn zu zügeln, wird sich gehütet haben, unnötig grausam zu sein.

Wenn Großvater einem Gedanken nachhing, pflegte er seine Augen mit Daumen und Zeigefinger zu schließen, das Kinn auf die Brust zu drücken und die Kinnspitze am Schlüsselbein zu reiben, wobei seine kleinen weißen Zähne knirschend mahlten. So verharrte er eine Weile (immer bereit, aufzubrausen oder ein Machtwort zu sprechen, das keine Widerrede zuließ), um nach einiger Zeit die Augen wieder zu öffnen und sein Urteil zu verkünden. Auch sein Schweigen war scharf und schneidend.

Großvater Selig verstarb und wurde in seiner Heimatstadt Bielitz beerdigt, als ich zwei Jahre alt war. So muß ich gestehen, daß ich keine Erinnerung mehr an sein Gesicht oder seine Stimme habe. Alles, was ich hier erzähle, habe ich von meiner Mutter und deren Brüdern gehört – oder frei erfunden. Das Allermeiste davon ist meiner Phantasie entsprungen. Und dennoch spüre ich, daß in meinem Inneren Großvater Selig lebendig und gegenwärtig ist, denn wäre es nicht so, weshalb ließe er dann nicht von mir ab, sondern verlangt, daß ich seine Geschichte erzähle?

In den schlimmen Jahren, nachdem Hitler an die Macht gekommen war, pflegten wir Großvater und Großmutter in einer gemieteten Droschke besuchen zu fahren. Dazu mußte man die Brücke, die den Fluß Olsa überspannte, überschreiten und dann die Grenze von der Tschechoslowakei nach Polen passieren. Das Haus der Großeltern war aus Lehm gebaut, die Räume klein und auf Hochglanz poliert. Großmutter Bluma hatte Gardinen (die Mutter bestickt hatte) vor die Fenster gehängt, die aus Furcht vor Pogromen mit Eisenstangen vergittert waren. In der Mitte des großen Wohnraums stand ein langer Holztisch, um den Bänke und Stühle gestellt waren. Der Ofen, dessen bläuliche Kacheln mit der Zeit schwarz angelaufen waren, verströmte eine angenehme Wärme, und der Duft des Tschulent*, das in einem Topf vor sich hin blubberte, stieg in die Nase. Gewöhnlich kroch ich dort auf dem glatten Holzboden umher und blickte nach oben auf die Holzbalken an der Zimmerdecke, die von Astlöchern übersät waren.

Großvater pflegte mich vorsichtig hochzuheben, mich mit seinen kleinen Augen (als prüfe er einen Paradiesapfel) anzuschauen und mich dann auf seine Knie zu setzen. Als ich schon ein wenig größer war, wandte er sich immer auf jiddisch an mich, bis er sich mit einem Mal erinnerte, daß die assimilierten Schwiegereltern mit dem Kind ja deutsch sprachen. (Bestimmt grämte er sich, daß dieser Enkelsohn nicht im Cheder* lernen würde.) Dann redete er in kauzigem, mit jiddischen Brocken durchsetztem Deutsch mit mir, das mich zum Lachen brachte. Manchmal summte er mir eine chassidische Melodie vor oder sang ein Wiegenlied für mich: I-lu-li-lu ...

Vielleicht konnte er mich überhaupt nicht ausstehen, den verzärtelten Enkel, der ein tschechisches Kindermädchen hatte und um den die gesamte Familie herumhüpfte wie um das goldene Kalb. Zuweilen, wenn seine Geduld zu Ende war, schrie er Großmutter an: »Bluma, nimm den Jungen weg! Er stört mich beim Lesen des Wochenabschnitts.«

In der Familie erzählte man sich, daß meine Eltern einmal meinen mit Blumen verzierten Nachttopf vergessen hatten, an den ich gewöhnt war. Einen geschlagenen Tag lang unterdrückte ich mein Bedürfnis und weigerte mich, mit einem anderen Nachttopf vorliebzunehmen. Die Überredungsversuche der Onkel und Tanten blieben ebenso wirkungslos wie das Flehen von Großmutter Bluma oder die Geschenke, die mir meine Eltern versprachen. Mein kleiner Bauch ging wie ein Hefeteig auf, mein Gesicht lief blau an, und alle waren überzeugt, daß ich jeden Moment platzen würde. Als schon keine Hoffnung mehr zu bestehen schien, kam Großvater Selig, zog mir die Hose herunter, gab mir einen kräftigen Klaps auf den Hintern und setzte mich energisch auf einen der Nachttöpfe, die die Nachbarn herbeigeschafft hatten. Meine Eltern, die Zeuge des Schauspiels wurden, waren geradezu entsetzt darüber, daß jemand es wagte, gegen ihren Sohn, ihr Ein und Alles, die Hand zu erheben. Ich jedoch verrichtete verstört mein Geschäft und brach dann in lautes Heulen aus, wie ein zutiefst beleidigter Mensch oder ein Prinz, der auf dem Schlachtfeld eine vernichtende Niederlage hat hinnehmen müssen.

Ob er Großmutter Bluma geliebt hat? Mutter erzählt, daß

er sich stets mit ihr beriet, wenn eine schwere Entscheidung anstand. Er zog sich dann mit ihr zum Ofen oder in einen Winkel des Ladens zurück, sagte: »Nu ... wir werden sehen«, und entschied schließlich nach eigenem Gutdünken, wie sie ihm geraten hatte. Vier Töchter und zwei Söhne gebar ihm Großmutter Bluma, bis sie schließlich eines Tages sagte: »Es reicht, Selig. Jetzt, da du zwei hast, die den Kaddisch* über uns sagen werden, wenn wir nicht mehr sind, jetzt will ich nicht mehr. Ich bin müde.« Und er, obgleich sein Trieb gewaltig war, gehorchte ihr und wartete geduldig, bis sie ihm nach dem Bad in der Mikwe zuflüsterte:

»Heute Nacht dürfen wir, Selig. Wer bin ich, daß ich dich daran hindern wollte, eine Mizwe* vor Beginn des Schabbats zu halten?«

In den Tagen des Ersten Weltkriegs (damals wurde er noch der »Große« genannt, da man sich nicht vorstellen konnte, daß es einen größeren Krieg als diesen geben könnte), als stündlich die Zahl der jüdischen Flüchtlinge anschwoll, die an die Tür des Hauses pochten, richtete Großvater Selig in dem Schuppen, der an seinen Gemüseladen grenzte, eine Armenküche ein. An Kartoffeln, Zwiebeln, Knoblauch, Kohl und Möhren mangelte es nicht. Der Schlachter von nebenan spendete Knochen, an denen noch ein wenig Fleisch war, und der Bäcker brachte ein paar Laibe Schwarzbrot, das schon einige Tage alt war, und am Freitag einen Sack mit zehn frischen Challot*. Großmutter stand stundenlang in dem halbdunklen Verschlag, kochte Suppe und goß sie dann mit einem großen Schöpflöffel in die bereitstehenden Blechnäpfe. Ihre älteren Töchter verteilten das Brot. Ich sehe die Frauen vor mir, um den Kopf zerrissene Kopftücher, und die Männer, die beschämt ihre rot geschwollenen Hände ausstrecken und mit geblähten Nasenflügeln den heißen, betörenden Duft der dicken Suppe aufnehmen. Ich höre sie, wie sie Großmutter bitten, ihnen einen Knochen mit auszugießen, und ihr dann danken, der Rebbin.

»Ich bin keine Rebbin«, protestiert Großmutter Bluma. »Ich bin bloß die Tochter eines einfachen Juden. Und ihr ... hört schon auf, mir zu danken. Ich folge nur SEINEM Gebot, der alle Menschen ernährt. Wenn es IHM gefällt, werdet ihr schon bald in eure Häuser zurückkehren und nicht länger auf Almosen angewiesen sein.«

»Amen, Rebbin. Du hast unserer Seele neues Leben eingehaucht. Möge der HÖCHSTE dich und deinen Gatten segnen, euch immer ein gutes Auskommen bescheren, ein langes Leben und frohe Kunde und Freude durch eure Kinder.«

Vorsichtig balancierten die Flüchtlinge ihre Näpfe vor sich her und ließen sich auf den Bänken nieder, sprachen den Segen über das Essen und begannen, gierig die kochend heiße Suppe zu schlürfen, tunkten die trockenen Brotscheiben in die dampfende Flüssigkeit, schmatzten mit den Lippen, lutschten die ausgekochten Knochen ab und dachten an die Tage zurück, als auch sie noch ein Dach über dem Kopf und einen Tisch gehabt hatten, an den man einen mittellosen Gast einladen konnte, der in die Synagoge gekommen war. Worauf sie in bittere Tränen ausbrachen. Ich werde den lästigen Gedanken einfach nicht los, daß Großmutter Bluma, ihre drei Töchter, ihre Schwiegersöhne und die fünf Enkel den Lohn für die gute Tat in Auschwitz und Treblinka erhalten haben.

An jedem Sonntag nahm Großmutter Bluma den Zug, um ihre alten Eltern zu besuchen, die in einem entlegenen Dorf lebten. Jedesmal füllte sie zwei Körbe bis zum Rand mit allen möglichen Leckerbissen an: einem Glas Gänseleber, mit Fett und gerösteten Zwiebeln gewürzt, hauchdünn geschnittenen Nudeln, einem Säckchen gemahlenen Kaffee, knusprigen und süßen Roggalech*, zwei Orangen und einer Flasche Slibowitz, die sie heimlich in Urgroßvater Dov-Be'ers Rocktasche verschwinden ließ. Ich bin sicher, daß Großmutter Ruth (meine Urgroßmutter) ahnte, wer ihrem Mann das verfluchte Gesöff zukommen ließ, aber da sie nun einmal wußte, wie begierig Dov-Be'er auf diesen bitteren Tropfen war, machte sie ihrer Tochter keine Vorhaltungen. Wenn Urgroßmutter Ruth mit dem Butterschlagen fertig war, breitete sie eine karierte Decke über den Holztisch und fragte ihren Mann, ob er keine Lust habe, Sechsundsechzig mit dem Mädchen zu spielen. Dov-Be'er stimmte sofort zu, lief schleunigst die abgegriffenen Spielkarten holen, um gleich wieder am Tisch zu sitzen und auf die beiden Frauen zu warten. Diese zwinkerten sich verstohlen zu und ließen ihn gewinnen, weshalb der Alte sich vor Aufregung die Hände rieb und geschickt die gewonnenen Kupfermünzen zusammenraffte.

Beim Abschied mußte Großmutter Bluma ihren Eltern versprechen, in der nächsten Woche – so GOTT wolle – wiederzukommen, und sich überreden lassen, sechs frische Eier, einen Knoblauchzopf, ein Glas Pflaumenmus und ein in braunes Papier gewickeltes Stück Butter mitzunehmen. Zuvor hatte sie den Fußboden geschrubbt, das Geschirr im Waschbottich gespült, die Wäsche gewaschen und sie zum Trocknen auf die Leine gehängt. Danach war sie in den Hof zum Brunnen gegangen, hatte den Eimer hochgezogen (und dabei die Gestalt betrachtet, die sich in dem dunklen Wasser widerspiegelte, immer darauf bedacht, daß ihre Perücke nicht verrutschte), um schließlich das Faß neben dem Kachelofen aufzufüllen.

Die beiden Alten bewohnten eine Lehmhütte mit Strohdach, auf dem sich neben dem Schornstein ein Storchennest befand. Sie hatten eine Milchkuh, einen Schwarm Hühner und ein kleines Stückchen Land, das sie von dem Dorfältesten gepachtet hatten und auf dem sie Gemüse anbauten. (Der Dorfälteste war ein gottesfürchtiger Pole, der glaubte, daß selbst die Juden, trotz ihres Sündenfalls, nach Gottes Abbild geschaffen seien.) Urgroßmutter Ruth stand beim ersten Hahnenschrei auf, wusch sich, melkte die Kuh, sammelte die gelegten Eier ein und weckte dann ihren Mann, der zusammengekauert wie ein Embryo unter dem großen Federbett lag.

»Genug geschlafen, Dov-Be'er. Geh beten und mach dich auf den Weg. Die Milchkanne wartet neben der Tür. Und vergiß nicht, die Eier für die Gastwirtin mitzunehmen. Und nimm dich in acht, daß du nicht stolperst und aus den Eiern ein Omelett machst.«

Dov-Be'er knurrte seine Frau an, die ihn mitten in der Nacht geweckt hatte, wusch sich die Hände, rieb sich Brust und Gesicht mit eiskaltem Wasser ab und sang danach mit seiner tiefen, ein wenig heiseren Stimme ›Ich danke dem GOTT, prüfe mein Herz bei einem Lied gemeinsam mit den Sternen des Morgens‹. Dann betete er das Gebet zum Tagesanbruch (das eigentliche Morgengebet würde er später beten, in der Synagoge der nahegelegenen Kleinstadt) und machte sich zu seinen Botengängen auf.

Ich betrachte ihn, wie er den staubigen Pfad, der durch die Gerstenfelder führt, entlangtrottet, in der einen Hand die Milchkanne und in der anderen den Stoffsack mit den Eiern. Ich höre, wie die Milch im Rhythmus seiner Schritte hin- und herschwappt. Ein gewitzter Jude, bärtig und mit einem länglichen, von Entbehrungen gezeichnetem Gesicht. Ich fürchte mich mit ihm, wenn der Hund des benachbarten Gojs auf ihn zustürzt (immer derselbe Schä-

ferhund und immer in derselben Wegbiegung), ihn um-
kreist, die Zähne fletscht und wütend bellt. Ich höre, wie
Dov-Be'er seinen knurrenden Magen beruhigt und ihm
verspricht, sobald er die Milch verkauft habe, würde er – so
GOTT wolle – in den Gasthof gehen, der Wirtin die Eier
übergeben und von ihr eine mit Butter bestrichene Scheibe
frischen Brotes bekommen, dazu einen Becher Kaffee mit
Milch und zwei Stück Zucker, um sich daran gütlich zu tun
... wie ein richtig feiner Herr, ja wie der Graf Potozky.
Großvater Selig wußte genau, daß Bluma hin und wieder
einige Sloty aus der Ladenkasse nahm und sie den beiden
Alten gab, machte ihr deshalb aber keine Vorhaltungen.
Sollte sie doch auch ihre Mizwa befolgen, pflegte er vor sich
hin zu flüstern und dabei auszuspucken.

Mutter erzählt, daß Großvater Selig das Land Israel liebte
wie ein Mann sonst nur eine Frau liebt. In seinen Gebeten
sehnte er es herbei, schmiegte sich daran wie ein Säugling an
die Brust seiner Mutter. Wenn er betete: »Voll Erbarmen
wirst DU in DEINE Stadt Jerusalem zurückkehren und in
ihr wohnen, wie DU versprochen hast, wirst sie in unseren
Tagen auf ewig errichten und schon bald den Thron Davids
in ihr bereiten«, um dann zu schließen: »Gelobt seiest DU,
HERR, Erbauer Jerusalems« – dann klang es, als erinnerte
Großvater Selig Gott (fast wie einen Schuldner) an seine
Versprechungen, die er Abraham, Isaak und Jakob gemacht hatte, als ließe er ihn wissen, er und die Seinen seien
bereit, dem Gebot »Mache dich auf und ziehe in das gelobte
Land« zu folgen. Der ALLMÄCHTIGE solle nur ein Zeichen
geben, und sie würden ihre Bündel schnüren, sie schultern
und zu Fuß nach Jerusalem ziehen. Oder aber eine Kutsche
mieten, bis zum nächsten Hafen fahren und von dort mit
einem Schiff bis an die Küste vor Jaffa segeln.

Großvater Selig wartete täglich, ja stündlich auf den Messias. Er wußte mit Bestimmtheit, auch wenn der Erlöser auf sich warten ließ – er würde kommen! Er grübelte darüber nach, daß das Kommen des Messias und Jerusalem eng miteinander verbunden waren und man beides auf einmal erfahren konnte. In allen Gliedern spürte er, daß er mehr als genug unter den Schneestürmen des Exils gelitten hatte, die den Körper auszehrten und das Herz erfrieren ließen, und daß er den Fanatismus und Haß der Gojim ein für alle Mal leid war. Selbst wenn der Weg weit war und es galt, durch Schlamm und Matsch zu stapfen, Berge und Täler zu überqueren, Flüsse und Wüsten zu durchwandern, und auch wenn hinter jeder Wegbiegung Räuber lauerten, die einem nicht nur Hab und Gut, sondern auch das nackte Leben nehmen wollten – es war und blieb ein Gebot Gottes, sich aufzumachen und nach Zion zu ziehen. Großvater Seligs Herz war übervoll von einer über Generationen gehegten Sehnsucht, und er war bereit, sofort und ohne noch länger zu verweilen wie ein losschnellender Pfeil ans Ziel seiner Wünsche zu fliegen. Insgeheim fürchtete er, den geeigneten Augenblick zu versäumen, worauf der Teufel, dessen Kräfte geschwunden schienen, eine Prise Tabak schnupfen (so jedenfalls erzählte man sich im Lehrhaus) und zu neuer Macht gelangen würde, um ihn, Großvater Selig, auf immer an den schwarzen Fels zu ketten dessen Name lautete: Exil.

Als seine Sehnsucht nach Jerusalem, der Geliebten, übermächtig wurde, fuhr er, das Land Israel zu bereisen und – sollte es ihm vergönnt sein – dort ein kleines Stückchen Land zu erwerben. Er reiste allein. Großmutter Bluma und die übrigen Familienmitglieder blieben in Bielitz zurück, um auf den Laden und das Haus achtzugeben.

Gemeinsam mit Großvater steige ich die flachen und schiefen Stufen hinab, die zur Westmauer führen. (Großvater Selig reiste nach Erez Israel, viele Jahre bevor ich geboren wurde, ja etliche Jahre noch, bevor meine Gestalt sich überhaupt in die unschuldigen Gedanken meiner Mutter stehlen konnte, des schönen jungen Mädchens mit den schwarzen Zöpfen.) Ich bin an seiner Seite, dränge mich zwischen gläubigen Juden, die in ihre Gebetsmäntel gehüllt stehen, und arabischen Händlern, mache ehrfürchtig einen großen Bogen um einen britischen Polizisten, der mit herrischen Schritten die schmale Gasse vor der Mauer abschreitet, mit herausgestreckter Brust und einem Schlagstock unter der Achselhöhle. Einige Zehntel- und Halbpiastermünzen, die Großvater mir in die Hand gedrückt hat, reiche ich den Lahmen und Krüppeln, die um Almosen betteln. Ich spüre, wie mich ihre rissigen, verschwitzten Finger berühren, höre sie einen flüchtigen Segensspruch murmeln. Großvater Selig wirft sich seinen Gebetsmantel über Kopf und Schultern, sagt den Segen über die Schaufäden und küßt dann die warmen, heiligen Steine, sucht nach einer Vertiefung, in die er seinen Kopf lehnen kann. Er schließt die Augen und murmelt die Namen seiner Liebsten, bittet den GEPRIESENEN, er möge ihre Krankheiten heilen und sie mit einem sorgenfreien Leben beschenken. Amen. Dabei vergißt er auch seinen Sohn Dovidel nicht, der sich gegen ihn aufgelehnt hat und nach Erez Israel gegangen ist, um die geschundene Erde Zions zu erlösen und mit eigenen Händen zu bearbeiten. (Noch vor Dovidels Abreise hatte sich Großvater Selig mit ihm ausgesöhnt und sogar bereit gefunden, am Tag des Abschieds im Stadtpark für ein Foto zu posieren: Er und Großmutter Bluma sitzen in ihren besten Schabbeskleidern auf einer Parkbank, hinter der sich die beiden Söhne sowie die vier Töchter aufgestellt haben.) Hier, vor diesem letzten Überrest des Tempels, der wegen der Sünden unseres Volkes zerstört worden war, vor diesen Felsquadern, in deren Fugen kleine Zettel steckten und über denen Tauben kreisten, hier also spürte Großvater Selig, daß er Zwiesprache mit seinem Schöpfer halten konnte.

Nachdem er allein mit sich gesagt hatte, was zu sagen war, schloß sich Großvater Selig einer Gruppe von Betenden an, betete das Nachmittags- und bald darauf das Abendgebet. Als sie fertig waren, trat einer der Betenden an ihn heran, grüßte und wollte wissen: »Woher kommt er, Jude? Ist es möglich, daß er einen Platz benötigt, wo er des nachts sein Haupt betten kann?« Großvater Selig lachte und antwortete, er habe beschlossen, die Nacht an Ort und Stelle zu verbringen, wach zu bleiben oder aber sich hinzulegen und einen der hier zu findenden Steine als Kopfkissen zu nehmen, wobei er sicher sei, daß er ebenso gut schlafen werde, als ruhte er auf König Salomons Lager. Als der andere sich abgewandt hatte (sichtlich enttäuscht, keinen Gast oder vielmehr zahlenden Kunden gefunden zu haben), sagte Großvater einige Abschnitte aus den Psalmen auf, von »Wohl dem, der nicht wandelt im Rat der Gottlosen« bis zu »Aus ganzer Seele DICH preisen, Halleluja«, wobei er die Worte kostete, als spräche er sie zum ersten Mal.

Als die Dunkelheit herabsank, begann ein kalter Wind über die freie Fläche vor der Klagemauer zu wehen. Großvater spürte die Kälte nicht, bis er den Muezzin vernahm, der vom Minarett der Moschee, die sich hoch über der Mauer erhob, die Gläubigen zum Gebet rief, wobei er tremolierend den Namen ihres Gottes in die Länge zog und Großvaters Herz mit Furcht erfüllte, die dieser sich nicht erklären konnte. Die meisten Betenden liefen auseinander und kehrten in ihre Häuser zurück, und nur eine

Handvoll frommer Männer blieb, um das Schicksal Zions zu beweinen und sich an die kalten Felsblöcke zu schmiegen, die Augen zum Himmel zu richten, der von den Sternen Abrahams übersät war, und Ausschau zu halten. Großvater Selig machte sich ganz klein und harrte mit ihnen aus, fühlte, daß seine Seele zu IHM, gepriesen sei ER, aufstieg und er selbst sich schon bald jeder Körperlichkeit entledigt haben würde. Obwohl er den ganzen Tag über gefastet hatte, war er weder hungrig noch durstig. Seine Glieder, die das viele Hin und Her und der unruhige Schlaf in der kleinen Absteige in Nachalat-Shiv'a ermüdet hatten, waren leicht und gelockert. Wäre es ihm gegeben gewesen, hätte er ein Paar Flügel ausgebreitet und wäre in die Finsternis entschwebt, wie jene Taube, die gurrend über seinem Kopf umher flog.

Zur dritten Nachtwache, als der Morgenstern hinter dem Ölberg aufging und blasses Licht die Schatten zu vertreiben begann, nahm Großvater Selig all seine Kraft zusammen und stieß ein »Höre Israel« hervor, bis er am ganzen Körper erbebte und fast das Bewußtsein verloren hätte. Er hielt die Augen weiter geschlossen und legte sich Schweigen auf, bis ihn die ersten Betenden, die sich zu einem Minjan* zusammenfanden, aus seiner Erstarrung weckten. Er rieb sich die müden Augen und wußte, daß die Zeit noch nicht gekommen war.

Am selben Tag noch ging Großvater zu Fuß zum Grab unserer Stammutter Rachel, auf dem Weg nach Efrata. In dem kleinen Steingewölbe drängte er sich zwischen den Frauen, (wobei er sich hütete, eine von ihnen auch nur mit dem kleinen Finger zu berühren), sog den Schweißgeruch und den Rauch der Kerzen ein, küßte den blauen Gebetsvorhang und die Grabplatte aus Kalkstein, die hinter einem Wandschirm verborgen lag. Schließlich vertraute er Rachels gnädigem Ohr flüsternd an, was Bluma, lang möge sie leben, ihm aufgetragen hatte, ohne auch nur ein Wort auszulassen.

Nachdem er diesen Auftrag ausgeführt hatte, ließ er sich in einer Kutsche (die man hier Deligence nannte) auf dem Weg durch die Berge kräftig durchrütteln, bis sie endlich den Marktplatz von Hebron erreicht hatten. Ein Jeschiwaschüler, der mit ihm gereist war, ging vor ihm her durch die Gassen des arabischen Suks und brachte ihn zum hölzernen Eingangstor des jüdischen Ghettos. Das Tor war mit einem Schlitz und einem Guckloch versehen, und erst als der Wächter (ein junger Mann mit Schläfenlocken) erkannt hatte, daß sie Juden waren, schob er den Riegel beiseite und hieß die Ankömmlinge willkommen. Dabei drängte er die beiden, eiligst durch das Tor zu treten, und legte sogleich wieder den Riegel vor. Besagter Jeschiwaschüler brachte Großvater Selig dann zur Synagoge unseres Stammvaters Abraham, die im Herzen des Ghettos gelegen war. Als sie sich trennten, reichte Großvater ihm einen Schilling, den der junge Mann aber nicht annehmen wollte. In der Synagoge betete er mit Inbrunst das Nachtgebet, spendete dann zehn Piaster für wohltätige Zwecke und wollte in seiner Arglosigkeit wissen, wie man zur Machpela-Höhle gelangte, um sich dort auf den Gräbern der Ahnen niederzuwerfen. Als der Synagogendiener Großvaters Frage hörte, klärte er ihn auf, daß aufgrund unserer Verfehlungen die Höhle jetzt in den Händen der Muslime sei, die über den heiligen Gräbern, die unser Stammvater Abraham für gutes Geld erworben hatte, eine Moschee errichtet hätten (einen unreinen Ort, wie er flüsternd bemerkte). Den Juden gestatteten die Muslime lediglich, bis zur siebten Stufe hinaufzusteigen. Als Großvater sich fassungslos zeigte, wie so etwas sein könne, wurde ihm mit einem jüdischen

Seufzen und nach oben gedrehten Handflächen geantwortet, die weder die Kraft hatten, etwas zu tragen noch etwas zu ändern, und GOTTES Urteil, gepriesen sei ER, klaglos hinnahmen.

Als er am nächsten Morgen die Stufen hinaufstieg und das äußere Gitter erblickte, durch das er wie ein Dieb auf die innenliegende quadratische Tür lugte, wurde Großvater Selig von Zorn erfüllt. Sein Gesicht rötete sich, seine Adern schwollen an, und er streckte sich, um ein wenig an Größe zu gewinnen. Der Araber, der ihm den Weg verstellte (fast wie der Engel Gottes, der sich der Eselin des Bileam in den Weg gestellt hatte), war von mittelgroßer Statur, dunkelhäutig und mit kunstvoll gelegtem Schnauzbart. Seine schwarzen Augen waren zusammengekniffen und blickten verträumt. Er war in einen braunen Umhang gehüllt, und in dem Gürtel, der sich um seinen mächtigen Bauch spannte, steckte in einer silbernen Scheide ein Ehrfurcht gebietendes Schwert. Als die beiden Männer so voreinander verharrten, lächelte der Araber Großvater zu, als seien sie seit Urzeiten gute Bekannte. Großvater Selig erwiderte sein Lächeln und überlegte, ob der Mann ihm, wenn er ihm ein Geldgeschenk in die Hand drücken würde, möglicherweise doch Zutritt zum Inneren der Höhle gewährte. Aber da sagte der Wächter: »*Jallah, ruch min hon!*« Wie einen häufig zitierten Vers sprach er die Worte aus oder so, als wolle er einen ungezogenen Bengel verscheuchen, der ihm eine Feige aus seinem Korb gefischt hatte. Großvater Selig verstand zwar den Sinn der arabischen Worte nicht, begriff aber sehr wohl, was dieser Goj ihm sagen wollte. Erneut wurde er von Zorn gepackt und war schon drauf und dran, die Hand gegen den Araber zu erheben und diesen die Stufen hinabzustoßen (dem Beispiel Moses folgend, der sich gegen den Ägypter aufgelehnt hatte). Aber noch bevor

Großvater Selig sein Vorhaben in die Tat umsetzen konnte, zog ihn ein anderer Jude, der hinter ihm gestanden hatte, von dort weg und flüsterte ihm auf jiddisch zu: »Willst du ein Pogrom über uns bringen!?« Als Großvater Selig hier, in Erez Israel, das Wort »Pogrom« vernahm, (das sich ihm mit dem Wort »Ghetto« verband), war es um seine Beharrlichkeit geschehen, und mit zitternden Knien stieg er die Stufen hinab, wobei er fast gestürzt wäre. Es dauerte nicht lange, und er verließ Hebron, wie ein verleugneter Sohn, den man um seinen Anteil am Besitz der Ahnen gebracht hatte.

Wäre Großvater Selig damals gefragt worden, was er im Heiligen Land gesehen habe, hätte er behauptet, Erez Israel sei im Besitz der Ismaeliten und die Juden, die unter ihnen lebten, unterschieden sich in nichts von ihren Brüdern, die unter den Gojim säßen. Und dann hätte er noch verbittert hinzugefügt: Hier wie dort ist Exil. Wohl hätte er daraufhin den HÖCHSTEN, gelobt sei ER, um Verzeihung gebeten, jedoch auf seiner Meinung beharrt.

Als Großvater seine Geschichte dem Pensionswirt in Jaffa zum besten gab, meinte dieser, er solle sich einmal die Mühe machen und Tel Aviv besuchen, um eine Stadt zu sehen, in der ausschließlich Juden lebten! Großvater folgte seinem Rat, wanderte nach Tel Aviv und sah dort Angehörige seines Volkes, die im Straßenbau arbeiteten, Ziegel von einem knienden Kamel abluden, neben dem ein Araber mit gelben Zähnen und zerrissenen Sandalen hockte. Er sah, wie jüdische Arbeiter mit Hilfe eines Seilzugs eimerweise Pech auf ein Dach hievten, sah die Männer schwitzen und Häuser in den Dünen errichten. Er labte sein Auge an jungen Müttern, die im Schatten einer Allee saßen und auf ihre Kinder aufpaßten, die ausgelassen schaukelten. Er speiste in einem koscheren Restaurant und kaufte schließlich für Bluma ein Kopftuch, um bei dieser Gelegenheit den Händler, der polnisch sprach, auszufragen, wo es am Ort eine Synagoge gäbe, ob man sein Auskommen habe, wie hoch der Preis für ein Haus sei und wie viele Obst- und Gemüseläden es in der Stadt bereits gäbe.

Nachdem er Tel Aviv ausgiebig erkundet hatte, von den bei Jaffa gelegenen Vierteln bis zu den Sümpfen entlang des Jarkons gewandert war und sogar seine Füße im Meer gebadet und dabei den Saum seiner Hose benetzt hatte, bestieg Großvater Selig den Zug, der ihn zum Kibbuz seines Sohnes Dovidel im Jesre'el-Tal bringen sollte. Unterwegs sah er junge Männer und Frauen, die Entwässerungsgräben aushoben und die Sümpfe mit Eukalyptussetzlingen bepflanzten, Felder pflügten und Weinberge abernteten. Und seine Seele ward versöhnt.

Dovidel wartete an den Gleisen auf ihn, und als Großvater Selig aus dem Zug geklettert war, stürmte er auf ihn zu, umarmte seinen Vater und nahm ihm den Koffer ab. Großvater musterte seinen Sohn, der reifer geworden war, und bemerkte, daß seine Lippen verbrannt und rissig waren, seine Wangen eingefallen und der ganze Körper schrecklich mager. Dovidel war mit einer blauen Hose, auf deren Hosenboden ein großer Flicken prangte, und einem bestickten Hemd bekleidet, wie es die Russen trugen. Sie folgten dem ausgetretenen Pfad durch ein Maisfeld und schwiegen. Dovidel lief mit sicherem Schritt wie ein Bauer, der seinen Besitz abgeht, während Großvater hinter ihm herstapfte, abwechselnd den Rücken seines Sohnes und die wogenden Maisstengel betrachtete und die Taten des Schöpfers pries. Im Zelt angekommen, setzte Dovidel den Koffer auf einer Orangenkiste ab, in der er seine Kleidung, einige Bücher und Broschüren aufbewahrte (ein Gebetbuch befand sich nicht darunter), fragte, wie es der Mutter und den

Geschwistern gehe, um dann seinem Vater zu verkünden, er habe heute Schabbat. (Was heißen sollte, daß er sich einen freien Tag genommen hatte, wie er sogleich erläuterte). Dann gab er Großvater Selig kühles Wasser, um den Durst zu stillen, wobei er ihm vormachte, wie die Araber trinken: Man hält den Krug in die Höhe, kippt ihn, so daß die Tülle nach unten zeigt und das Wasser in hohem Bogen herausschießt, und fängt den Strahl mit dem Mund auf, ohne auch nur einen Tropfen zu vergießen. Als Großvater ausgetrunken hatte, zog ihn Dovidel zur Gemeinschaftsdusche, damit er duschen und seine Kleider wechseln konnte. »Eine Mikwe haben wir noch nicht gebaut. Und schlag mich nicht deshalb!« scherzte sein Sohn und rief so Vergessenes in Erinnerung. Auf dem Weg zur Dusche, als sie an einem Schuppen vorüberkamen, wies Dovidel voll Stolz auf einen großen Lastwagen und meinte: »Ich bin Fahrer und das ist mein Wagen.«

Ich sehe Großvaters schneeweiße Haut, als er schließlich seinen rechteckigen Tallit* ablegt, zögert, um dann doch die schwarze Kippa vom Kopf zu ziehen und endlich seinen muskulösen, verschwitzten Körper dem dampfenden Wasserstrahl zu überlassen. Ich beobachte ihn, wie er sich einseift und seine Haut gründlich schrubbt, bis Haupt- und Barthaar ebenso mit Schaum bedeckt sind wie die Haare unter seinen Achseln, auf seiner breiten Brust und ... Ich bemerke, wie er den Augen des sonnengebräunten Genossen zu entkommen versucht, der neben ihm duscht, »*Hinei ma tov*« singt und dabei staunend Großvaters Körper inspiziert.

Sauber und erfrischt verließ Großvater Selig die Dusche und ging, um den Besitz in Augenschein zu nehmen, zu dem es sein Sohn in Erez Israel gebracht hatte. Im Kuhstall saßen einige Genossinnen in kurzen Hosen und füllten die

Eimer, die zwischen ihren Schenkeln klemmten, mit gleichmäßigen Milchspritzern. Großvater Selig bemerkte auf dem Oberschenkel einer der jungen Frauen ein braunes Muttermal, erschrak und beeilte sich, seinen Blick von ihr abzuwenden. Doch als sei der Teufel im Bunde, erhob sich ausgerechnet dieses Mädchen von ihrem Melkschemel und trat auf sie zu. Sie war hochgewachsen und trug Männerschuhe. Als die junge Frau vor ihnen stand, faßte sich Dovidel ein Herz und verkündete: »Das ist mein Vater.« Worauf sie ihre schneeweißen Zähne aufblitzen ließ und lächelnd sagte: »Sehr angenehm. Ich heiße Naomi.« Dabei streckte sie Großvater eine Hand entgegen, die noch feucht von Milch war. Großvater Selig zögerte einen Moment und drückte dann ihre Hand, da er fürchtete, seinen Sohn zu beleidigen. Dovidel putzte umständlich seine Brille und sagte: »Naomi ist meine Freundin.« Sein Vater blickte ihn fragend an, doch als Antwort lachte Dovidel nur schüchtern und führte Großvater Selig statt dessen zum Gemüsegarten. Dort angekommen, pflückte er ihm eine rote Tomate und zeigte ihm den Traktor, der das nahe Feld umpflügte.

»Gut möglich, daß ich euer Gemüse in meinem Laden verkaufen werde«, sagte Großvater Selig.

»Ich wünschte, du könntest es! Denn der Verantwortliche bei der *Tnuva*, der landwirtschaftlichen Kooperative, zahlt unseren Schatzmeister nur alle drei Monate aus oder schlimmer noch speist ihn mit Bezugsscheinen für den *Mashbir*, den eigenen Laden der Kooperative, ab. Und wenn ich von unserem Schatzmeister eine Lira erbitte, um ein paar Flaschen Wein kaufen zu können und den Genossen damit eine Freude zu machen, seufzt er jedesmal und sagt, er habe die Taschen voll unbezahlter Rechnungen. Und wenn er sich am Ende doch noch erweichen läßt, gibt er mir eine

halbe Lira und verlangt, daß ich eine Quittung beibringe.«
Dovidel legte Großvater auseinander, wer und was die
Tnuva und der Mashbir waren, antwortete geduldig auf
alle peniblen Fragen, die dieser ihm stellte: Warum das
Geld des Kibbuz ausgerechnet diesem geizigen Schatzmeister anvertraut werde? Und warum er, Dovidel, nicht am
Ende jeden Monats einfach seinen Lohn bekomme? Und
wieso er seine Kleider aus der Kleiderkammer erhalte?
Und was es damit auf sich habe, daß die kleinen Kinder im
Kinderhaus schliefen? Seien das etwa alles Waisenkinder,
die keinen Vater und keine Mutter mehr hätten? Und wie
sie gedächten, den Streit darüber beizulegen, daß der Lastwagen gleichzeitig ihm und allen anderen Genossen gehörte? Er müsse schon entschuldigen, aber Dovidel solle ruhig
sagen, wie viele von den Kühen im Kuhstall er berechtigt
sei mitzunehmen, falls er sich entschied, den Kibbuz zu
verlassen und seiner Wege zu gehen? So sehr sich Dovidel
auch bemühte, die Dinge in vereinfachter Form darzustel-
len und Vergleiche zu liefern, wobei er sich auf große
Thoragelehrte wie Rabbi Marx und Rabbi Engels berief
(Autoritäten, die in der Gemara* keine Erwähnung fanden) – er konnte sich seinem Vater nicht recht verständlich
machen.
Großvater Selig nahm an, daß im Kibbuz nicht koscher
gegessen würde, und daß diese jungen Leute, die wohl der
Mizwa, nach Erez Israel zurückzukehren und sich dort
anzusiedeln, gefolgt waren, es in bezug auf die sonstigen
Mizwot aber nicht so genau nahmen. Daher biß er sich auf
die Zunge und beschloß, wohl oder übel mit Milch, einem
Kanten Brot, Obst und Gemüse Vorlieb zu nehmen. Am
Abend, als sie zum Essen in den Speisesaal gingen, setzte
sich Naomi wie selbstverständlich neben Großvater Selig,
gab ihm einen Teller, eine Tasse, deren Henkel abgebro-

chen war, sowie eine Gabel und bat den Genossen, der
ihnen gegenüber saß, er möge dem Gast sein Messer überlassen, sobald er seinen Salat fertig geschnitten habe. Dann
goß sie Großvater Kaffee aus einem Krug ein und reichte
ihm ein Schüsselchen mit Quark, eine Gurke, eine Zwiebel,
ein Ei und Brot. Großvater Selig fand, daß sie sich dabei
geschickt anstellte und ihr ganzes Auftreten sehr angenehm war. Nachdem er den Segen über das Brot gesprochen hatte, sah er, wie Naomi Dovidel voll Zuneigung
anblickte, ihre Finger über seine frisch rasierte Wange
gleiten ließ und ihren Oberschenkel (Gott schütze uns!)
gegen den seinen drückte. Großvater rieb sein Kinn am
Schlüsselbein, kringelte seine Schläfenlocken und sagte
sich insgeheim: Besser, Dovidel lebt in Sünde, als hier, an
diesem unwirtlichen Ort, allein mit sich zu sein. Dennoch
beschlich ihn die Sorge, die jungen Frauen und Männer
könnten einander bedürfen, ohne unter die Chupa* getreten und von einem Rabbiner nach dem Gesetz Moses
getraut worden zu sein, weshalb er grübelte, was er Bluma
sagen sollte. Die Sache ließ Großvater keine Ruhe, bis er
Dovidel rundheraus fragte, und sein Sohn ihm mitteilte, es
gäbe sehr wohl einen Rabbi, der aus Haifa zu ihnen käme
und jedesmal zwei oder drei Paare auf einmal traute. Die
Frischvermählten bekämen dann ein eigenes Zelt für sich.
Und er fügte noch hinzu, daß er und Naomi sich noch nicht
entschieden hätten, eine Familie zu gründen. Wenn es
soweit sei, würde er schreiben und seine Eltern in Kenntnis
setzen – versicherte er. Nach dem Mahl sprach Großvater
erneut den Segen, und als er merkte, daß die jungen Leute
ihm zuhörten, begann er wie ein Kantor in der Synagoge
mit lauter Stimme zu sprechen. Als er das Gebet beendet
hatte, sagte Dovidel: »Amen«, fischte aus seiner Hemd-
tasche eine zerknautschte Zigarettenschachtel und reichte

seinem Vater eine Zigarette. Auch Naomi streckte ihre langen, schlanken Finger aus und bediente sich. Bald saßen sie zu dritt und rauchten.

In jener Nacht lag Großvater wach in seinem Zelt, hörte das Heulen der Hyänen und betrachtete die Sterne, spürte wie diese ihn beschirmten, und er ihnen nahe war. Als er die Augen schloß, drangen die Klänge eines Akkordeons und Gesang an sein Ohr, der von Sehnsucht und Erregung getränkt war. Nach einiger Zeit hörte er, wie die jungen Leute mit den Füßen stampften und in ausgelassener Begeisterung tanzten. Großvater Selig kam es vor, als sängen und tanzten hier Chassiden* vor ihrem Rebbe, bis ihr Gesang in die Höhe stieg und SEINEN Thron erreichte, worauf ER, gepriesen sei ER, ihnen zunickte, seine Arme mit den ihren verschränkte und mit ihnen im Kreis tanzte.

Als er nach Jaffa zurückgekehrt war, erinnerte sich Großvater Selig, daß er daran gedacht hatte, ein Stück Land in Erez Israel zu erwerben. Er beriet sich mit seinem Pensionswirt, und dieser brachte ihn mit einem Juden zusammen, der Großvater ein Grundstück am Stadtrand von Tel Aviv anbot. Als ihm der Spekulant aber mitteilte, das Grundstück koste zweihundert englische Pfund, ließ sich Großvater bewegen, für die Hälfte dieses Preises eine Fläche von fünfzig Dunam zu kaufen, an einem Ort, der etwas abgelegen war, aber schon sehr bald, noch zu Großvaters Lebzeiten, urbar gemacht und zu einer ansehnlichen Siedlung werden würde.

Ich verfolge, wie Großvater Selig dem Mann die Geldscheine in die Hand zählt und dafür eine Besitzurkunde und einen Segensspruch für die Heimreise erhält. Ich sehe den zwielichtigen Makler in seinem weißen Anzug, um den Hals eine blaue Krawatte mit winzigen roten Punkten, wie er sich eiligst von seinem Stuhl erhebt, vorgibt, er müsse nun schleunigst zur Bank, bevor diese schließe, und sich dann aus dem Staub macht, ohne die Limonade zu bezahlen, die er getrunken hat. Ich könnte weinen vor Zorn, daß es mir unmöglich ist, Großvater ins Ohr zu flüstern, er solle die Finger von diesem fragwürdigen Geschäft lassen. Weiß ich doch, daß jener Betrüger Großvater ein Grundstück verkauft hat, das im Meer liegt, irgendwo zwischen Jaffa und Zypern.

Was weiß ich tatsächlich noch von Großvater Selig? Nur sehr wenig. Und doch klopfen jene Eindrücke, Stimmen und Gerüche regelmäßig an meine Tür, worauf ich sie wie Besucher, die von weit hergekommen sind, ins Haus bitte, mich mit ihnen amüsiere, ihnen verfalle und über sie erzähle. Und wie der Einfaltspinsel aus dem Märchen gebe ich mich der Illusion hin, daß alles, was ich mir ausdenke und schreibe, sich tatsächlich so zugetragen hat.

Ein Gläschen für Bertha

Als ersten überkam den Glatzköpfigen, der am Fenster saß, der Hunger. Er klappte sein Buch zu, strich mit der Hand über seinen leichten, grünen Anzug, der schon etliche Sommer gesehen hatte, und förderte dann aus seiner Aktentasche eine Thermoskanne und ein in braunes Papier gewickeltes Paket zutage. Wie abgesprochen, als habe eine Glocke zur Pause geläutet, ließ die alte Dame (vielleicht eine Großmutter, die ihre Enkel besuchen fuhr?) die Stricknadeln sinken und zog aus ihrem Korb ein besticktes Taschentuch und einen Brotbeutel. Als letztes wurde das junge Paar (beide waren sie mit Latzhosen und T-Shirts bekleidet und der Halbwüchsige trug einen Ring im Ohr) vom Heißhunger befallen. Die ganze Zeit über hatten sie eng beieinander gesessen, geflüsterte Schwüre, Gekicher und feuchte Küsse getauscht. Der Glatzkopf, der wie ein Rechtsanwalt oder wie ein Kontrolleur des Erziehungsministeriums aussah, musterte sie sichtlich ungehalten, während die Großmutter die beiden Verliebten zärtlich betrachtete und sich dabei auf die Unterlippe biß wie eine Gymnasiastin, die darauf wartet, daß jemand sie zum Tanz auffordert. Unsere Mitreisenden wickelten ihre Butterbrote aus dem Papier, bissen gierig in Schwarzbrotschnitten und Brötchen, tranken ihren Kaffee mit kleinen Schlucken und füllten das Abteil mit warmem Dunst und dem durchdringenden Geruch von Wurst und Knoblauch. Nur meine Frau und ich beteiligten uns nicht an der Mahlzeit. Ich sah, wie alle vier mit sich kämpften und uns verlegen zulächelten. Offenbar hatten sie Scheu, mit Fremden zu reden. Die sanfte Revolution Havels hatte die Tschechoslowakei zwar nach vierzig Jahren Versklavung befreit, aber die Angst saß tief.

»Darf ich Ihnen einen Apfel anbieten?« wandte sich der Junge schließlich an mich, nachdem er sich mit seiner rotwangigen Freundin beraten hatte.

Ich versuchte, mich an die Worte zu erinnern, die ich in meiner Kindheit gekannt hatte, und antwortete in einem Gemisch aus Tschechisch und Polnisch: »Nein, danke. Vielen Dank.«

Sofort bereute ich es, da mir das Wasser im Mund zusammenlief, und ich außerdem die Gelegenheit zu einer Unterhaltung versäumt hatte.

Die Eisenbahn zog an Dörfern und Bauernhäusern vorbei, auf deren schindelgedeckten Dächern rußgeschwärzte Schornsteine in den Himmel zeigten und Wetterfahnen sich im Sommerwind drehten; beschürzte Bäuerinnen hängten Wäsche auf, ein junges Mädchen in geblümter Bluse verfütterte Körner an einen Hühnerschwarm, der von einem Hahn mit rotem Kamm und prächtigem Gefieder regiert wurde; eine alte Frau führte eine widerspenstige Kuh am Strick, braungebrannte Kinder liefen neben den Gleisen her, veranstalteten ein Wettrennen mit der dahinstampfenden Eisenbahn, verloren und ließen sich auf den staubigen Weg fallen (wobei ein Lausbub seine Hose herunterzog und sein weißes Hinterteil präsentierte); erschöpfte Pferde zogen Wagen, auf denen sich Kohlköpfe und Rüben türmten; ein einzelner Traktor parkte am Rande eines Feldes; Kuhställe, Scheunen, Stapel von Feuerholz, umgepflügte Felder bis zum Horizont, Apfelbaumplantagen, Wäldchen mit ausladenden Platanen, Kiefern und rauschenden Weißpappeln, Bäche und Rinnsale, deren Wasser munter plätscherte (und uns, zwei Jerusalemer, die wir aus einem ausgedörrten Land kamen, mit Neid erfüllten); kleine Städtchen, ein Bürgermeisteramt, eine Kirche mit Turm und mächtigem Kreuz, ein Marktplatz mit Springbrunnen und Sträßchen, deren Pflaster rund getreten war, Häuser mit gelb angelaufenem Putz, die sich gegenseitig zu stützen schienen; Männer, die gemächlich ausschritten und Porzellanpfeifen rauchten, Frauen, die mit flinken Händen in den Wäschebergen eines Straßenhändlers wühlten; eine Fabrik, erbaut aus schwarzen, häßlichen Ziegelsteinen, Bahnhöfe, an deren Stirnseiten große Uhren angebracht waren, die noch aus der Zeit Kaiser Franz Josephs stammten, der ein Freund der Juden gewesen war.

Hatte ich diese Landschaften, die vor meinen Augen vorbeizogen, schon einmal gesehen? Im Alter von zwei oder drei Jahren war ich mit Großvater Siegmund aus T., meiner Vaterstadt, nach Prag in den Zoo gefahren, auf genau derselben Strecke und vielleicht sogar in eben jenem Waggon, in dem ich jetzt fuhr. Nur der Samtbezug der Sitze war durch einen billigen Baumwollstoff ersetzt worden, und der Enkel von einst war inzwischen selbst Großvater. Würden die Bilder mein Gedächtnis anregen, das sich an das schon seit einigen Jahrzehnten Schlummernde und an den Schlaf, der die Erinnerung tilgt, gewöhnt hatte?

Nach jedem Halt in einer der größeren Städte (in einer von ihnen stiegen der griesgrämige Glatzkopf und die sichtbar verliebten jungen Leute aus) schaute der Schaffner ins Abteil. Er schien mir ungefähr vierzig Jahre alt zu sein, mit Brille und breiter Stirn. Die Schirmmütze auf seinem großen Schädel war in demonstrativer Nachlässigkeit nach links verrutscht und seine blaue, abgewetzte Uniform zu eng für den vollen, schlaffen Körper. Ich fragte ihn auf deutsch, wo der Speisewagen sei. Er zuckte mit den Achseln und erwiderte in recht passablem Deutsch: »Die Direktion hat beschlossen, den Speisewagen abzuschaffen. Die Leute haben ohnehin keinen Groschen zuviel und nehmen sich von Zuhause etwas zu essen mit, und wem das zu mühsam ist, der kauft sich etwas an einem der Kioske, die es auf jedem größeren Bahnhof gibt. Vorausgesetzt, sie sind geöffnet und die Vorräte nicht gerade zu Ende. Außerdem ...« Er senkte die Stimme und warf einen verstohlenen Blick auf die Großmutter, die mit angestrengten, gezwungenen Bewegungen strickte. »Wie sich herausgestellt hat, hat der Genosse, der im Speisewagen arbeitete, mit der Kellnerin gemeinsame Sache gemacht. Die beiden haben Kaffee und Zucker gestohlen und die Ware auf dem Schwarzmarkt verkauft. Eine Untersuchung wurde angeordnet und beschlossen ...«

Die alte Dame hob den Kopf und blickte den Schaffner verstört an. Dann warf sie die Stricknadeln in den Korb, bekreuzigte sich, holte ihren Koffer, der mit einem Strick zugebunden war, von der Gepäckablage und verließ, so schnell sie konnte, das Abteil. Der Schaffner erblaßte und eilte ihr nach.

Nach dem Halt in D. klopfte der Schaffner an die Abteiltür und fragte, ob er sich mit uns unterhalten dürfe. Ich lud ihn ein, sich zu uns zu gesellen, worauf sich der Mann schwerfällig in den gepolsterten Sitz fallen ließ.

»Woher kommen die Herrschaften?« interessierte er sich höflich.

Ich antwortete, wir seien aus Israel. Zu unserer Überraschung stellten wir fest, daß der Mann in der Geographie des Nahen Ostens gut Bescheid wußte und auch in Sachen israelisch-palästinensischer Konflikt bewandert war. Womöglich war er bis vor kurzem noch ein Spitzel des Geheimdienstes gewesen, ging mir ein beunruhigender Gedanke durch den Kopf. Dies war eine Transitstrecke, und unser Gast, der einige Sprachen beherrschte, trieb sich sicher auf den Gängen herum und belauschte die Gespräche der ahnungslosen Fahrgäste, die unwissentlich Vertrauliches preisgaben.

»Und wohin fahren Sie, wenn ich fragen darf?«

»Nach T. ...«

»Nach T.?!«

»Warum sollten wir nicht nach T. fahren?« fragte meine Frau.

»Natürlich ... warum sollten Sie auch nicht nach T. fahren?« versuchte er sein Erstaunen vergessen zu machen, beließ es aber dabei und ignorierte unsere verdutzten Blicke. Dann überlegte er einen Moment und wechselte schließlich das Thema.

»Mein Hobby ist die Geschichte der Völker des Ostens. Wenn ich vom Dienst nach Hause komme, wasche ich mich, wechsle die Kleider und mache mir einen Topf mit Kohlsuppe warm, die ich immer am Sonntag koche, bevor ich in die Kirche gehe. Dann mache ich es mir bequem und lese über den Kodex Hammurapi und den Gilgamesch-Epos. Ich habe Pläne von den Pyramiden, die Ihre Vorfahren in Ägypten erbaut haben. ›Man gibt deinen Knechten kein Häcksel, und wir sollen dennoch die Ziegel machen, die uns bestimmt sind!‹ Ich bin ein großer Verehrer von Moses, dem ersten der Propheten. Er erinnert mich immer an unseren Präsidenten Tomáš Masaryk.«

Der Schaffner fuhr sich mit der Hand über seine blasse Stirn, putzte seine Brille, blickte zur Uhr und sprach dann schnell weiter.

»Vor allem interessiere ich mich für die phönizischen

Händler, die Erfinder des Glases und tollkühnen Seefahrer. Ich habe gelesen, daß sie sogar Vorläufer von Kolumbus gewesen sein sollen! Manchmal, wenn ich auf den Gängen von einem Waggon zum nächsten hin- und hergeschaukelt werde, stelle ich mir vor, ich sei an Deck einer phönizischen Galeere auf dem Weg von Tyros nach Kartago. Ich besitze eine bescheidene Bibliothek historischer und archäologischer Bände, die ich in einem Antiquariat gekauft habe. (Dessen Besitzer die Bücher – für einen Spottpreis – von einem jüdischen Gelehrten bekommen hatte, der ..., kam es mir in den Sinn). Ich träume davon, einmal den Libanon zu besuchen, nach Ägypten und Israel zu reisen. Früher brauchte man dafür ein Empfehlungsschreiben vom Arbeitsplatz, eine Genehmigung von der Armee, ein Formular von der Partei, ein Führungszeugnis von der Polizei und eine Bescheinigung von der Bank, um endlich die Erlaubnis zu erhalten, ins Ausland zu reisen. Heutzutage, da man hinfliegen darf, wohin es einen zieht, reisen nur noch die, die Geld haben. Ich dagegen ... kann so eben von meinem Gehalt leben. Ich bemühe mich, jeden Monat ein paar hundert Kronen zurückzulegen. Aber vor einem halben Jahr hat sich meine Mutter den Oberschenkel gebrochen, und ich war gezwungen, dem Arzt eine schöne Summe zuzustecken, damit er sie eher operierte und nicht nach der Warteliste. Dieser Bruch hat mich ein Viertel meiner Ersparnisse gekostet. Außerdem hat mir der verantwortliche Streckenleiter signalisiert, falls ich daran interessiert sei, befördert zu werden und die Leitung einer kleinen Bahnstation übertragen zu bekommen, wäre es besser, wenn ich mir den Kopf nicht mit Hyroglyphen vollstopfte. Die Herrschaften mögen mir verzeihen, daß ich so viel rede. Aber es ist schon Monate her, daß ich mich mit jemandem unterhalten habe.«

»Haben Sie keine Freunde?« fragte meine Frau.

»Wir haben kein Vertrauen in Freunde. Und wenn man tatsächlich einen Freund hat, lädt man ihn zu sich nach Hause ein, trinkt ein Gläschen Slibowitz mit ihm, stellt den Fernseher an, damit die Nachbarn nicht die Ohren spitzen, und unterhält sich dann leise.«

»Aber heute ist doch einiges anders in der Tschechoslowakei. Dies ist ein freies Land«, erinnerte ich ihn.

»Ich hatte meine Illusionen. Damals, während des Prager Frühlings. Ich hatte das Gefühl, als seien uns Flügel gewachsen. Und dann marschierten die Russen ein, walzten mit ihren Panzern die Studenten nieder und schickten Dubček zum Straßenkehren.«

»Die Sowjetunion gibt es nicht mehr. Sie werden nicht noch einmal hier einmarschieren!«

»Sehr richtig, mein Herr. Aber für mich ist die Freiheit zu spät gekommen.«

Danach sprachen wir über Jerusalem. Der Schaffner interessierte sich für die Grabeskirche und für die Geburtskirche in Betlehem. Aus meiner Reisetasche holte ich eine bunte Postkarte, auf der Pilger abgebildet waren, die die Via Dolorosa entlangzogen. Ich reichte sie unserem Gast. Er betrachtete die Karte mit leuchtenden Augen.

»Darf ich sie wirklich behalten?«

»Selbstverständlich.«

»Ich danke Ihnen vielmals. Ich werde die Karte auf mein Bücherbord stellen, neben das Foto meines verstorbenen Vaters. Sie haben mich doch gefragt, ob es im Zug einen Speisewagen gibt. An der nächsten Station gibt es einen Kiosk, in dem eine Frau arbeitet, die ich kenne. Ich werde mit Ihnen aussteigen und etwas zu essen und zu trinken für Sie kaufen. So müssen Sie nicht in der Schlange warten.«

»Danke.«

Dank des Schaffners bekamen wir zwei Flaschen Limonade und einige Wurstbrötchen, die ihm die blondgefärbte Verkäuferin mit verführerischem Lächeln über die Köpfe der verärgerten Wartenden hinweg reichte.

»Nehmen Sie das bitte für Ihre Frau mit. Ich muß mich um die neu zugestiegenen Fahrgäste kümmern.« Und wie eine Fortführung unseres kurz zuvor unterbrochenen Gesprächs stieß er hervor: »Ich ... ich habe den Zug verpaßt.«

Als ich in unser Abteil zurückkehrte, stellte ich fest, daß ein schlanker junger Mann mit länglichem Gesicht und blauen Augen, der einen leichten Duft von Kölnisch Wasser verströmte, es sich meiner Frau gegenüber bequem gemacht hatte. Er trug ein modisch kariertes Sakko, um den Hals eine Seidenkrawatte, und auf seinen Knien ruhte ein James-Bond-Aktenkoffer mit Zahlenschloß. Ein umtriebiger, erfolgreicher Geschäftsmann, ein Vertreter der neuen, kühnen Welt.

»Stört es Sie, wenn ich rauche?« fragte er in gebrochenem Englisch.

»Ja«, sagte meine Frau und mußte niesen.

»Wenn es so ist, werde ich auf den Gang gehen, um mich zu vergiften«, lachte er.

Wir kosteten von der gelblichen, ekelerregenden Limonade, die mit Sacharin gesüßt war, und verspeisten die mit Senf bestrichenen Brötchen. Meine Frau hegte den Verdacht, die Wurst sei aus Schweinefleisch gemacht, weshalb sie die Wurstscheiben in Papier wickelte und das Ganze tief in den Abfallbehälter stopfte, damit der Schaffner es nicht sah und beleidigt war.

Nach einigen Minuten kehrte der Schaffner ins Abteil zurück. Als er die Fahrkarte unseres gefallsüchtigen Mitreisenden lochte, bemerkte ich einen Anflug von Enttäuschung auf seinen blassen Zügen.

»Hier ist Ihr Wechselgeld, mein Herr«, sagte er förmlich und drückte mir einige Münzen in die Hand. Dann verließ er schnell unser Abteil und kehrte nicht wieder. Wir fragten uns, ob er sich von uns verabschieden würde, wenn wir T., meine Geburtsstadt, erreichten. Aber als wir aus dem Zug stiegen, sahen wir die verrutschte Mütze des Schaffners am anderen Ende des Bahnsteigs.

»Er hat etwas gegen T.«, stellte meine Frau fest.

Ich antwortete ihr nicht. Begierlich betrachtete ich die Menschen, die ihre von weit her angereisten Verwandten in die Arme schlossen, erwartete, daß irgend jemand auch auf mich zugelaufen käme und mich an sich zöge.

Obwohl ich wußte, daß es das Haus unserer Familie in T. noch gab, war mir klar, wir würden in einem Hotel übernachten müssen. Meine Eltern, die wegen unserer Reise in heller Aufregung waren, hatten uns einen Sack guter Ratschläge, Geschichten und die Adresse einer tschechischen Freundin, Frau Stiasne, mit auf den Weg gegeben.

»Das einzige Hotel in T. hieß zu meiner Zeit ›Krantz‹, nach dem Namen der österreichischen Adeligen, die in einem Schloß in den Bergen wohnten«, erzählte Vater. »Nach dem Münchener Abkommen und dem Anschluß der Stadt an Polen, wählte der Hotelier einen polnischen Namen für sein Haus. Daher habe ich keine Ahnung, wie das Hotel während der deutschen Okkupation und in den Jahren der kommunistischen Herrschaft geheißen hat. In T. hat man schon immer mit Leichtigkeit Fahnen, Hymnen und Namen gewechselt. Im Erdgeschoß des Hotels war ein Restaurant, wo ein Streicherensemble aufspielte und es hervorragendes Essen gab. Wenn Vater, also dein Großvater, Mutter verwöhnen wollte, sagte er immer: ›Walli, setz einen Hut mit Feder auf, wir gehen bei Krantz essen.‹

›Schade um das Geld, Siegmund. Mascha hat Knedlíky gemacht, Knödel wie du sie liebst!‹ ›Ich habe gesagt, wir gehen aus!‹ beharrte Vater. ›Die Knedlíky verspeisen wir am Abend.‹«

Als wir nun auf dem Bahnsteig standen, mußte ich an die Erzählungen meines Vaters denken. Mutter, die aus einer strenggläubigen Familie stammte und in einem Provinznest in Galizien zur Welt gekommen war, hatte sich nicht eingemischt. Wenn Vater in Erinnerungen an seine Kindheit und Jugend schwelgte, ließ sie ihn immer gewähren.

Ich hatte vor, jemanden nach dem Hotel zu fragen, aber die Leute, die uns begegneten, sprachen nur tschechisch und zuckten, sobald sie feststellten, daß ich Mühe hatte, mich ihnen verständlich zu machen, mit den Schultern, lachten freundlich und gingen ihres Weges. Enttäuscht nahmen wir unseren Koffer und unsere Taschen auf, wandten uns nach rechts und schritten durch eine finstere, ein wenig bedrohlich wirkende Unterführung, die zu einer Schnellstraße führte. In einiger Entfernung sah ich einen Platz, auf dem ein in die Jahre gekommener Bus parkte. Ich schlug meiner Frau vor, sich auf den Koffer zu setzen und einen Moment zu warten, und ging dann energischen Schritts auf den Platz zu, wobei ich ein Wanderlied pfiff und mich verwundert fragte, warum man mir keinen Empfang bereitet hatte, wie ihn ein Sohn der Stadt verdiente. »Der Bürgermeister hat wohl vergessen, daß du heute ankommst, und jetzt spielt die Feuerwehrkapelle auf einem anderen Fest«, tröstete ich mich selbst, blieb aber unversöhnlich.

Die wenigen Leute auf dem Platz sprachen ausschließlich tschechisch. Einige Ausdrücke, die einmal auch die meinen gewesen waren (und jetzt wie Zugvögel zu mir zurückkehrten), kamen mir wieder in Erinnerung, und ich fragte, wo man ein Taxi bekommen könne. Meine Gesprächspartner sahen mich mit ungläubigem Staunen an. Eine ältere Frau, die einen Kinderwagen mit riesigen Rädern vor sich herschob, faßte sich ein Herz und schlug vor, ich solle es in der Schankstube an der einen Ecke des Platzes versuchen. »Vielleicht wissen sie dort etwas.«

Ein verblichenes Schild, das einen Fuchs zeigte, der über ein Huhn herfiel, hing über dem niedrigen Eingang zum Schankraum. Als ich die schwere Holztür aufstieß, schlug mir strenger, betäubender Geruch entgegen. Es vergingen einige Sekunden, bis ich wieder zu mir gekommen war und mich an das spärliche Licht gewöhnt hatte, das die Kerzenstummel verbreiteten, die von der Decke hingen. Mein Eintreten erregte nur wenig Aufmerksamkeit bei den Männern und Frauen, die um die Tische verteilt saßen, sich mit heiserer Stimme unterhielten, rauchten und in ihre leeren Biergläser stierten. Auf dem Weg zum Tresen hängte sich eine Frau an mich, die etwa in meinem Alter war. Sie setzte ein Lächeln auf, das einmal verführerisch gewesen sein mußte, und bat (auf deutsch): »Laden Sie mich auf ein Gläschen ein, mein Herr.«

»Hör auf, die Gäste zu belästigen, Bertha, sonst setz ich dich vor die Tür!« fuhr sie der Wirt an, der einen riesigen Bauch vor sich hertrug (und zu meinem Glück ebenfalls deutsch sprach).

Die Frau senkte den Kopf, fuhr sich mit der Zunge über ihre trocknen Lippen und flüsterte: »Vielleicht ja trotz allem ein Gläschen, mein Herr?«

Der Wirt ließ den Bierschaum im Krug sacken und sagte behaglich: »Geh nach Hause, Bertha. Für heute hast du genug getrunken. Bald kommt Peter aus der Fabrik zurück, und wenn das Essen nicht auf dem Tisch steht, wird er böse und schlägt dich.«

»Ein Taxi?!« fragte der Wirt erstaunt und trommelte auf

den Tresen. »Wanek, der einen 64er Škoda hatte, ist vor Jahren nach K. gegangen, und seither gibt es in T. kein Taxi mehr. Davon läßt sich einfach nicht leben. Die Stadt ist klein. Die Leute bestellen ein Taxi nur, wenn es eine Hochzeit gibt oder wenn sie einen Sterbenden ins Krankenhaus fahren wollen. Und selbst dann drehen sie den Geldschein ein-, zweimal um und sagen am Ende leise: ›Und wenn schon, soll er doch in seinem eigenen Bett die Augen für immer zumachen!‹«

»Und wo gibt es hier ein Hotel?«

»Neben dem Bahnhof.«

»Auf der rechten Seite der Unterführung?«

»Auf der linken. Wir sind immerhin ein sozialistisches Land. Oder genauer gesagt, waren es einmal! Woher kommen Sie?«

»Aus Jerusalem.«

»Heilige Maria und Jesus!« bekreuzigte sich der Wirt. Die Betrunkenen verstummten und blickten mich an, als sei ich ein Engel, der seine Flügel unter dem blauen Regenmantel versteckt hielt. »Und was in aller Welt tun Sie hier, in unserem gottverlassenen T.?«

Ich war kurz davor zu sagen, ich sei in T. geboren – beschloß dann aber, mich nicht in einer stinkenden Schenke vor einem halben Dutzend schläfriger Betrunkener zu erkennen zu geben.

»Ich möchte in den Beskiden wandern.«

»Ein Tourist in T.! Dann hat uns Präsident Havel in Prag wohl tatsächlich eine Revolution beschert, wie zu hören war und sie im Fernsehen gezeigt haben. Das muß gefeiert werden! Trinken Sie mit uns ein Glas. Das geht auf meine Rechnung.«

»Geben Sie allen hier noch einen aus. Ich bezahle. Und für Frau Bertha bitte ein Gläschen Schnaps.«

»Wenn der Herr darauf besteht, wird es uns eine Ehre sein.«

»Frau Bertha! Habt ihr das gehört? Frau Bertha!« murmelte die betrunkene Frau und brach in Tränen aus.

Der Wirt beeilte sich die Gläser aufzufüllen, und ich legte drei Hundertkronenscheine auf den Tresen.

»Der Rest ist für Sie.«

»Ich danke, mein Herr.«

Die Betrunkenen betrachteten fassungslos ihre vollen Gläser und lallten ein unhörbares Dankgebet. Plötzlich erhob sich ein Greis, der einen abgetragenen, aber sauberen Anzug samt Krawatte trug. Er hielt sich am Tisch fest, bekam keine Luft, verfluchte sich selbst, bat dann um Verzeihung und fragte: »Und wie ist der Name des ehrenwerten Gastes, damit wir auf seine Gesundheit trinken können?«

»Ich heiße ... Thomas«, wies ich mich mit meinem tschechischen Namen aus.

»Seien Sie uns willkommen, Herr Thomas!« Der Alte hob sein Glas, trank mit großen Schlucken, bekam erneut keine Luft und sank geschlagen wieder auf seinen Stuhl.

Wir nahmen unsere Sachen auf, wandten uns nach links und folgten wieder dem abfallenden Weg in die Unterführung. Das Halbdunkel erschien uns jetzt heller, vertraut, ja fast angenehm. Als wir am anderen Ende ans Tageslicht traten, erhob sich vor uns ein mehrstöckiges Haus aus behauenen, gelblichen Steinquadern. Über dem Eingang prangte neben dem zerstörten Adelswappen der neue, alte Name: Krantz. Wir versuchten, die Eingangstür zu öffnen, aber sie war verschlossen. Suchend blickten wir uns nach jemandem um, der uns sagen konnte, ob das Hotel geöffnet sei, aber auf dem Platz vor dem Gebäude war nur ein kleiner Junge zu sehen, der mit einem Reifen spielte. Als er uns für einen Moment betrachtete, kam der Reifen ins Trudeln, fiel zu Boden und erfüllte die Straße mit ohrenbetäubendem Kreischen. Der Junge hob den Reifen auf und lief damit die abschüssige Straße hinunter, dem Fluß zu.

Aus dem Fenster im zweiten Stock schaute ein glatzköpfiger Mann und machte uns Zeichen, durch eine Seitentür einzutreten, die zum Restaurant führte. Wir folgten seiner Anweisung und fanden uns in einem leeren Saal wieder, stießen gegen hochgestellte Stühle und Tische, stolperten über die Stufen einer kleinen Bühne und begannen uns schon zu fragen, was der Glatzköpfige im Schilde führte, der uns in das Labyrinth dieses verlassenen Hotels gelockt hatte. Vom Restaurant tasteten wir uns bis zu einem Flur vor, wo wir zu unserer Überraschung einen Fahrstuhl entdeckten. An der Tür klebte ein Zettel mit einer Mitteilung für die Hotelgäste, deren Inhalt uns verständlich wurde, als wir auf den Knopf drückten, der Fahrstuhl ein dumpfes Summen von sich gab und irgendwo weiter oben hängen blieb. Notgedrungen nahmen wir also die Treppe, die mit einem abgewetzten purpurfarbenen Läufer bedeckt war, und stiegen in den zweiten Stock. Dort saß am Empfang der Hotelangestellte, der uns geködert hatte. Er trug ein schwarzes Jackett und dazu eine weiße Krawatte. Seine Wangen waren makellos glattrasiert, und seine aufgedunsene rote Nase bekundete, daß er dem Alkohol nicht abgeneigt war. Ich begrüßte ihn auf deutsch und fragte, ob er noch ein freies Zimmer habe. Der Mann beugte sich über den Zimmerplan und studierte diesen gewissenhaft, als sei er nicht ganz sicher, ob er tatsächlich noch ein Zimmer für uns habe – oder aber als warte er darauf, daß ich einen Geldschein auf den Tresen legte. Schließlich brummte er etwas, richtete sich auf und teilte in fließendem Deutsch mit: »Es sind einige Zimmer frei. Genau genommen stehen

Ihnen so gut wie alle Zimmer des Hotels zur Verfügung, bis auf Zimmer 37, das für einen Dauergast reserviert ist, einen Rechtsanwalt aus A., der Nummer 37 schätzt, weil es weit entfernt vom Restaurant liegt, wo zweimal in der Woche eine Tanzkapelle aufspielt und ohrenbetäubenden Lärm macht, und von den Gleisen, wo in der Nacht Züge durchfahren, die zumeist nicht in T. halten, aber da die Lokführer sich langweilen und gegen den Schlaf ankämpfen, betätigen sie die Signalpfeife und wecken damit die Gäste auf, deren Fenster auf den Bahnhof gehen.«

Der Portier holte tief Luft und setzte dann in melodischem Tonfall hinzu: »Unser T. ist ein ruhiges Städtchen, wie Sie sicher schon bemerkt haben. Die jungen Leute sagen, ein totes Städtchen, und flüchten in die umliegenden Städte, wo die Regierung Fabriken, Neubauviertel und Supermärkte gebaut hat. Sogar die Bezirksverwaltung hat man nach K. verlegt ... Aber die Herrschaften sind mit Sicherheit müde. Ich werde Ihnen zwei, drei Zimmer aufschließen, und Sie suchen sich das Zimmer aus, das Ihnen am besten gefällt. Sie haben mir noch nicht gesagt, aus welchem Land Sie kommen.«

»Wir sind aus Israel«, sagte meine Frau.

»Aha«, stieß der Portier hervor, als wolle er sagen: Wußte ich's doch. »Das Zimmer ist für eine Nacht?«

»Für drei Nächte.«

»Drei Nächte in T.?! Sicher ... warum auch nicht? Es heißt, daß vor dem Krieg – ich selbst lebe erst seit dreißig Jahren in T. – die Sommerfrischler eine Woche und mehr in der Stadt verbracht haben sollen. Man ging in die Berge wandern, aß Hirschbraten in einem der Ausflugslokale, machte Einkäufe in den teuren Geschäften an der Hauptstraße, die die Roten später in ›Straße der Revolution‹ umbenannt haben, trank Pilsener Bier und tanzte Walzer bis zum

Morgengrauen. Das war, bevor die Deutschen in T. einmarschiert sind ... Die Tschechen haben den begeisterten Empfang nicht vergessen, den die Bewohner, die meisten von ihnen waren deutschstämmig, Hitlers Soldaten bereitet haben. Nach der Befreiung haben sie T. dann bestraft und nichts mehr für die Entwicklung der Stadt getan. Aber ich schwatze hier vor mich hin, und Sie möchten sich bestimmt frisch machen und ein wenig ausruhen. Warmes Wasser gibt es ab sieben Uhr. Drei Nächte! Sie werden sicher wichtige Dinge in T. zu erledigen haben. Ich bin ja keiner, der seine Nase in anderer Leute Angelegenheiten steckt und Fragen stellt. Man sagt, daß in T. einmal einige reiche jüdische Familien gelebt haben sollen. Die meisten Juden wohnten wohl im polnischen Teil der Stadt, jenseits der Olsa. Und so weit mir bekannt, gibt es heute keine Juden mehr in der Stadt.«

Ich gab ihm eine Schachtel amerikanischer Zigaretten, die ich im Flugzeug gekauft hatte. Er ließ die Schachtel in seiner Tasche verschwinden und sagte, das sei nun wirklich nicht nötig gewesen.

»Wieviel kostet das Zimmer?«

Der Portier holte ein Rechenbrett aus der Schublade, schob geschickt die bunten Schieber von einer Seite zur anderen und notierte Zahlenkolonnen auf einem Stück grauen Recyclingpapier.

»Das Zeitalter des Computers«, bemerkte meine Frau auf hebräisch.

»Das macht für Sie ... 1130 Kronen. Frühstück inklusive. Vielleicht ... ist der Herr ja interessiert, in Dollar zu zahlen? Mir wäre es lieb. Ich gebe Ihnen mehr, als Sie bei der Bank bekommen würden.«

»Ich werde es mir überlegen. Kann man irgendwo in der Stadt zu Abend essen?«

»Das ist ein Problem. Das Hotelrestaurant ist heute abend geschlossen. Und ein anderes Restaurant gibt es in T. nicht. Natürlich gibt es die Schankwirtschaften, wo man einen Teller Suppe, Würstchen und Knedlíky bekommen kann, aber ich würde Ihnen nicht raten, dort einzukehren. Die arbeitslosen Burschen sind in letzter Zeit reichlich lautstark und gewalttätig geworden. Sie betrinken sich, belästigen junge Mädchen und sorgen für Ärger. Und die Polizei ... also unsere fünf Polizisten haben Angst, sich einzumischen. Früher dagegen herrschte noch Ordnung bei uns! Am besten, Sie kaufen sich in Pavels Feinkostladen ein paar Sachen. Er hat ausländische Käsesorten, importierte Würste und Getränke. Jeder hier kann Ihnen sagen, wo Pavels Feinkostladen ist. Und jetzt ... füllen Sie die Anmeldeformulare aus, und ich zeige Ihrer Frau die Zimmer.«

Der Portier nahm einen Schlüsselbund, erhob sich von seinem, mit einem Kissen gepolsterten Stuhl und lud meine Frau mit einer höflichen Geste ein, sich ihm anzuschließen. Ich nahm das endlos lange Formular in Augenschein, versuchte die tschechischen Begriffe zu entschlüsseln und schaffte es lediglich, meinen Namen, die Passnummer und unser Herkunftsland einzutragen.

»Ich habe Nummer 36 genommen, das neben dem Zimmer des Rechtsanwalts liegt. Das Zimmer ist in Ordnung und die Toiletten sind sauber. Ich gehe jetzt duschen und danach gehen wir zu ...«

»Ja«, bestätigte ich. Ich sagte nicht: zu unserem Haus. »Können Sie mir helfen, die noch fehlenden Angaben in dem Formular auszufüllen?«

»Gern, mein Herr.«

Ich nahm an, mein Familienname würde mich verraten, aber der Portier zeigte sich davon offenbar wenig beeindruckt und füllte das Formular aus, routiniert und gelassen. Als er damit fertig war, gab er mir noch ein deutsches Sprichwort zum besten: Von der Wiege bis zur Bahre, Formulare, Formulare.

Das Zimmer war geräumig, wenn auch die spartanische Möblierung an die Notzeit im Israel der fünfziger Jahre erinnerte. Die Einrichtung bestand aus einem Doppelbett, auf dem einige Wolldecken lagen, einem Tisch mit Schirmlampe, einem Stuhl sowie einem Kleiderschrank, dessen Türen mit geschnitzten Lorbeerkränzen verziert waren und längst vergangene Zeiten wieder aufleben ließen. Ich warf einen Blick in den Spiegel, der sich an der Innenseite der einen Schranktür befand, und sah die Gestalt eines müden Touristen vor mir, in einen blauen Regenmantel gekleidet, der nicht zu dem sommerlichen Wetter paßte. Die grauen Bartstoppeln auf meinen Wangen, die nicht mehr rasiert worden waren, seit wir Prag verlassen hatten, der dunkle, besorgniserregende Fleck am Hals, und die Vertiefung im Kiefer, dort wo der Zahn gezogen worden war, machten mich um Jahre älter. Vom Fenster aus waren schräge Dächer zu sehen, die mit glänzenden schwarzen Schieferschindeln gedeckt waren, Steinsimse, rußbedeckte Schornsteine und der Turm einer Kirche. Weiter unten auf der breiten Straße hatte sich eine lange Schlange von Fahrzeugen aufgereiht, die über und über mit Matratzen, Koffern und Körben beladen waren. Einer der fünf Polizisten von T. ging mit gewichtiger Miene zwischen den Wagen umher und war bemüht, die entnervten Fahrer zu beruhigen.

»Der Portier hat mir gesagt, die Straße führe zum Grenzübergang. Wenn man das Fenster geschlossen hielte, sei aber nichts zu hören.«

»Vielleicht läßt sich ja nachts das Rauschen der Olsa hören?« sinnierte ich laut vor mich hin.

»Vielleicht«, sagte meine Frau zärtlich.

»Ich werde mich jetzt rasieren, zu Ehren ...«

»Mir zu Ehren!«

»Ich werde mit kaltem Wasser duschen und Unterwäsche und Strümpfe wechseln.«

»Mir zu Ehren!« bestand meine Frau.

»Wem auch sonst?«

»Du alter Lügner!«

Der Portier war hocherfreut, Dollar zu bekommen und die Rechnung auf tschechische Kronen ausstellen zu können. Er fragte, ob wir sonst noch etwas benötigten.

»Wohin geht man in T. abends aus?«

»Ausgehen?! Einen Konzertsaal oder ein Theater haben wir hier nicht. Am Marktplatz gibt es ein Kino, das dreimal in der Woche Vorführung hat. Heute abend jedoch nicht. Am besten wird sein, wenn Sie ins Hotel zurückkehren und fernsehen. Wir bekommen Programme aus Österreich und Deutschland und uns gehen die Augen über ... wie die dort leben!«

Ich war kurz davor, ihm zu sagen, daß ich in T. geboren sei, da es mich verlangte, jemandem von meiner Rückkehr nach Hause zu erzählen. Dann aber ließ ich es bleiben und sagte kein Wort davon zu dem Portier, der erst fünfundzwanzig Jahre nach unserer Flucht in T. ansässig geworden war, fünfundzwanzig Jahre, nachdem wir das Haus hatten zurücklassen müssen, die Möbel, die persischen Teppiche, die teuren Gemälde, die riesige elektrische Eisenbahn, die Großvater aus Wien mitgebracht hatte, und die beiden Läden samt der Waren in den Auslagen und den Lagerräumen. Einfach alles.

Wir gingen durch die Straße, die parallel zum Bahndamm verlief, betrachteten die Häuser, die dicht gedrängt standen und eine hohe, massive Wand bildeten, welche die Menschen in ihren Wohnungen schützte. Obwohl es noch früh war, hatten die Läden bereits geschlossen. Ich blieb vor einem Eisentor stehen und studierte die Namen der Mieter, suchte nach einem vertrauten Namen, hob die Augen zu den Fenstern und Balkonen und ließ sie dann enttäuscht wieder sinken. Ich sah zu den Platanen im nahen Park hinüber und versuchte mich daran zu erinnern, wie ich mit der Tochter von Frau Stiasne (wie hatte das Mädchen noch geheißen?) und Großvater verstecken gespielt hatte; sehe, wie die Kindermädchen amüsiert den alten Kaufmann betrachten, der hinter dem Stamm einer Platane hervorlugt und sich bereitwillig durch seinen Enkel finden läßt, dessen Siegesfreude genießt, sein Jauchzen, als der Kleine auf ihn zugelaufen kommt und ihn umarmt. »Ich habe gesehen, wie der werte Herr Tommy ein Stück Schokolade gegeben hat, und das vor dem Abendessen«, macht Hella, das Kindermädchen, Großvater Vorhaltungen. »Du hältst den Mund, sonst fliegst du!« Ich erinnere mich, wie Großvater auf dem schmalen Pfad hinter mir herjagt, plötzlich stehen bleibt und sich mit einem Seidentuch den Schweiß abwischt, auf eine nahe Bank sinkt und murmelt, er habe doch dem Arzt versprochen, auf sein Herz achtzugeben. Im Winter 1942 stand Großvater neben mir in der Schlange, auf dem verschneiten Bahnsteig von Krosno, noch vor dem Transport. »Wenn du den Hunden nicht zeigst, daß du Angst hast, werden sie dir nichts tun. Mach die Augen zu und stell die vor, wir wären im Park. Erinnerst du dich noch an die Schokolade, die ich dir Hellas Protesten zum Trotz gegeben habe?« Es war, als schmölze sie mir ein zweites Mal unter der Zunge. Einmal hatten wir im Park einen Zigeuner mit seinem Bären getroffen. Großvater drückte dem Mann ein Geldstück in die Hand und bat, der Bär solle für mich tanzen. Aber der Bär wollte nicht, trotz der Schreie des Zigeuners, der an der Kette des Bären zerrte und mit einem Knüppel auf ihn einschlug. »Schlagen Sie ihn nicht!« flehte ich. Plötzlich erhob sich der Bär auf seine Hinterpfoten und fing an, mit tapsigen Bewegungen brummend auf der Stelle hin und herzuschaukeln. »Wenn Sie versprechen, dem Bären nie wieder weh zu tun, gibt Ihnen Großvater Geld. Stimmt's Großvater?« »Ja, stimmt. Wieviel wollen Sie für den Knüppel haben?« »Das war doch nur Spaß. Wir sind Freunde, der Bär und ich. Er tanzt gern!« versuchte der Zigeuner sich einzuschmeicheln. Ich aber fühlte, daß er log. »Darf ich den Bären streicheln?« »Aber sicher!« Ich trat heran und berührte sein braunes Fell. Der Bär beugte sich herab und legte seinen Kopf auf meine Schulter. »Wenn der Zigeuner dich noch einmal schlägt, kommst du zu mir und erzählst es mir. In Ordnung?« flüsterte ich dem Bären ins Ohr. Großvater würde dann einen Polizisten rufen, und der den Zigeuner ins Gefängnis stecken. Nachts schlüpfte der Bär in mein Zimmer, leckte mit seiner warmen Zunge meine Wange und blickte mich mit großen traurigen Augen an. Ich stieg aus dem Bett, reichte dem Bären meine Hand, wir umarmten uns und tanzten dann miteinander.

Meine Frau bemerkte ein Schild, an dem ein Stück Karton mit dem Namen »Hauptstraße« befestigt war. Der Name elektrisierte mich, ließ die Dinge vor meinen Augen verschwimmen und mich ein Schwindelgefühl empfinden.

»Bist du in Ordnung, Tommy?«

»Nicht so ganz. Aber es geht gleich wieder.«

»Vielleicht finden wir etwas, wo wir eine Tasse Kaffee trinken können, bevor wir ...«

»Wir gehen zu dem Haus!« befahl ich wie ein Offizier, der beschlossen hat, eine Stellung anzugreifen.

Ich rieb meine Augen mit Spucke, um die schwarzen Punkte zu verscheuchen, die mir wie eine Wolke aus Mohnsamen vor den Pupillen tanzten, und nahm dann die Häuser und Geschäfte in Augenschein, die noch zwischen mir und meinem Ziel lagen. Ohne daß ich es spürte, begannen meine Füße, sich in Bewegung zu setzen, als würden sie von einem Magnetfeld aus sehnsüchtigen Erinnerungen angezogen. Ich stolperte vorwärts wie ein Blinder, der von seinem Blindenhund unbarmherzig weiter gezogen wird. Dabei versuchte ich, Gerüche aufzufangen und tastend den Dingen eine Form zu geben, mich an etwas zu erinnern oder jemanden unter den Passanten zu erkennen, die neugierig das dahinhastende Paar musterten. Ich wollte in der Bewegung innehalten und schreien: Erkennt mich denn keiner? Ich bin es, Tommy. Ich bin hier geboren!

Ich wartete darauf, daß jemand auf mich zutreten würde, mich ungläubig anstarren würde und dann ausriefe: »Bist du das, Tommy? Unser Tommy! Ich erinnere mich an deinen Großvater, mit seinem Schnauzbart und dem prachtvollen Spazierstock. Ihr hattet damals so herrliche Geschäfte. Die größten in der ganzen Stadt! Ich erinnere mich auch an deinen Vater. So ein Hochaufgeschossener! Walter hieß er, stimmt's? Alle Mädchen waren verrückt nach ihm. Er arbeitete im Laden, spielte Tennis im deutschen Club, ging in den Beskiden wandern und tanzte Walzer und Csárdás mit einigen Mädchen aus den besten Familien. Ich sage: Einige ..., weil es auch Eltern gab, die ihren Töchtern verboten, mit einem Juden zu tanzen. Mit eigenen Ohren habe ich damals den Apotheker seiner Frau zuflüstern hören: ›Falls es ernst ist, werden wir den Bräutigam schon überzeugen, den Glauben zu wechseln. Er sieht ohnehin überhaupt nicht wie ein Jude aus!‹ Ich glaube nicht, daß dein Großvater eine Taufe Walters durch einen Priester zugelassen hätte. Obwohl er kein strenggläubiger Mann war und bereit gewesen wäre, alles für den einzigen Sohn zu tun. Aber in die Kirche gehen, sich vor den Heiligenstatuen zu Boden werfen und Kerzen entzünden – das nicht! Am Ende hat der Junge ja eine Braut aus B. mit nach Hause gebracht, die Tochter eines galizischen Gemüsehändlers, dessen Bart bis auf die Brust reichte ... So haben wir damals gewitzelt. Einige haben auch die Nase gerümpft und gesagt: Da haben sich zwei gesucht und gefunden! Du hättest die Gesichter der Verehrerinnen sehen sollen, als sie erfuhren, daß dieses kleine Ding sich Walter geschnappt hatte. Eine ist vor Verzweiflung sogar in die Olsa gesprungen und fast ertrunken. Zu ihrem Glück war das Wasser nur flach, und ein Kohlenhändler, der mit seinem Wagen über die Brücke mußte, sah die Ärmste zappeln und zog sie durchnäßt bis auf die Knochen heraus, während sie schrie: ›Laßt mich sterben!‹ In der Lokalpresse erschien sogar ein Artikel über den Vorfall, worauf sie sich bei den angesehenen Eltern entschuldigen mußten und behaupteten, in Wahrheit sei das Mädchen auf der Brücke ausgeglitten und ins Wasser gefallen! Aber jeder wußte, wie es wirklich gewesen war. Deine Mutter war eine Schönheit. Zierlich, mit langen schwarzen Zöpfen und Augen – das reinste Feuer! Und fleißig. Als wäre das gar nichts, fing sie an, im Geschäft zu arbeiten, und hatte im Nu die Kunden für sich eingenommen. Wie du dir sicher denken kannst, war deine Großmutter nicht besonders glücklich, wenn die Kunden verlangten, das junge Fräulein möge sie bedienen, weshalb sie die Schwiegertochter in den kleineren Laden verbannte. Ihr hattet ja – wie ich schon sagte – zwei Geschäfte. Und du bist also Tommy! Kaum zu glauben. Hella, das blonde Kindermädchen mit der Stupsnase, schob dich immer im Kinderwagen durch den Park, und Putzi ... eure weiße

Promenadenmischung mit den schwarzen Flecken, lief stets neben der Karre her, wedelte mit dem Schwanz und bellte jeden an, der es wagte, zu nahe zu kommen und einen Blick auf den kleinen Prinzen zu werfen. Nein ... wie du dich verändert hast!«

Putzi ist eine Woche, nachdem Vater nach Erez Israel abgereist war, überfahren worden.

Schon stehe ich wie angewurzelt auf dem Bürgersteig vor dem Haus. Inspiziere das eindrucksvolle, braun gehaltene Bauwerk, das Großvater erbaut hat. Ich bemühe mich, jedes Detail im Gedächtnis zu behalten, da ich weiß, daß ich meinen Eltern in Naharia werde berichten müssen; ich spüre sie auf Zehenspitzen hinter mir stehen, wie sie versuchen, über meine Schulter einen Blick von dem Haus zu erhaschen. Ich betrachte den großen Laden zur Rechten mit seinen zwei Schaufenstern und dem Schild, das in weißen Lettern verkündet: »Galanterie«. Und dann den kleineren zur Linken (den, in dem Mutter Hüte verkaufte), wo inzwischen ein Schallplatten- und Cassettengeschäft eingezogen ist.

Als Großvater krank wurde und nicht mehr nach unten ins Geschäft kam, pflegte er auf dem kleinen Balkon zu sitzen (da, wo jetzt in den Blumenkästen weiße und rote Petunien blühen ... wer kümmert sich bloß um die?). Von dort aus zählte er gewissenhaft die Kunden, die mit einer Einkaufstüte aus einem der beiden Läden traten. Beim Abendessen dann (so jedenfalls hat meine Mutter es mir erzählt) zwirbelte Großvater regelmäßig die Enden seines Schnurrbartes und neckte Großmutter: »Mir scheint, die Kleine hat heute mehr verkauft als ihr alle zusammen in dem großen Laden.«

»Wenn es dir nicht paßt ... Ich bin gerne bereit, zu Hause zu bleiben«, erwiderte Großmutter wütend und strich sich mit ihrer schwieligen Hand über die Silbersträhne in ihrem Haar.

»Ich habe Herrn Fleischer gesehen, den, der mit Hakenkreuz am Revers herumläuft und sehr aktiv in der deutschen Jugendbewegung ist. Er hat den Laden betreten ... und ist ohne Tüte wieder herausgekommen. Heutzutage ist es wichtig, daß wir deutsche Kunden haben.«

»Er wollte eine Wolljacke, zwei Seidenhemden und vier Krawatten kaufen und hat gebeten, daß ich ihm alles auf die Rechnung setze, obgleich über der Kasse ein Schild hängt, daß bei uns nicht auf Kredit verkauft wird.«

»Du hast dich geweigert, Herrn Fleischer etwas zu verkaufen?!« Großvaters Stimme zitterte. »Mascha, wir brauchen dich im Moment nicht mehr. Geh in die Küche und komm, wenn ich dich rufe.«

»Ich habe ihm gesagt, du seiest krank, und ich wollte mich erst mit dir beraten.«

»Das hast du gut gemacht. Sobald er morgen wiederkommt, entschuldigst du dich bei ihm und gibst ihm, was er haben will. Wir dürfen uns auf keinen Fall mit ihm überwerfen.«

»Ich soll mich entschuldigen?! Was ist mit dir los, Siegmund? Was passiert mit uns?!«

»Tu, was ich dir sage, Walli!«

Vater legte die Gabel zur Seite und blickte seine Eltern bestürzt an. Er bemerkte, daß Mutter sich in das Gespräch einmischen wollte, und machte ihr ein Zeichen, still zu sitzen. Aber Mutter, die wußte, daß Großvater sie mochte, wischte sich den Mund mit der Serviette ab und bemerkte: »Die Deutschen werden von Tag zu Tag unverschämter. Heute Morgen hat doch eine Deutsche die Frau Stiasne gefragt, warum sie bei Juden kaufe. ›Weil deren Hüte nun mal die schönsten sind!‹ hat Frau Stiasne erwidert. Auf den

Mund gefallen ist sie ja nicht! ›Wir werden mit dir abrechnen, sobald wir hier die Herren sind!‹ hat die Deutsche gekreischt.«

»Wir haben uns kaum an die polnischen Beamten und die neuen Vorschriften gewöhnt, die seither im Rathaus gelten, und schon gilt es, Hakenkreuzfahnen bereit zu halten. Großer Gott, wenn ich doch bloß ein paar Jahre jünger wäre!«

Großvater, der ein gebildeter und assimilierter Jude war, pflegte für gewöhnlich Gott nicht mit seinen eigenen Geschäften zu behelligen.

Noch am selben Abend wurde im großen Salon ein Familienrat abgehalten. Einige Monate waren erst seit dem Münchener Abkommen und der »Reichskristallnacht« vergangen, und noch immer war Großvater wie gelähmt wegen der beschämenden Ergebenheit, mit der Chamberlain und Daladier Hitlers Diktat akzeptiert hatten. Hinzu kamen Nachrichten über brennende Synagogen und die Art und Weise, wie den deutschen Juden ihr Hab und Gut geraubt wurde. Großvater war besonders von dem geschwätzigen Chamberlain enttäuscht, der sich ganz und gar nicht wie ein englischer Gentleman verhalten und die Versprechen gegenüber Präsident Beneš und dem tschechischen Außenminister Dr. Kropta gebrochen hatte. Großvater fiel es schwer, sich mit der Tatsache abzufinden, daß das aufgeklärte Deutschland nun von einer Bande von Strolchen beherrscht wurde. Hitlers Machtübernahme war für ihn so etwas wie eine persönliche Beleidigung.

»Unsere arme Tschechoslowakei ist in die Hände von Fremden gefallen«, klagte er. »Wir haben Hitler die Chemieindustrie, die Kohlengruben, die Stahlwerke, die Wälder, die Kraftwerke überlassen, und das alles umsonst, ohne daß dieser österreichische Gefreite auch nur einen Schuß abgegeben hätte. Beneš hätte das Münchener Abkommen in Fetzen reißen müssen, das Heer einberufen und kämpfen sollen.«

Seit der Abtretung des Sudentenlandes an die Deutschen, in deren Gefolge die Polen in T. und das Gebiet der Olsa eingefallen waren und die Ungarn Teile der Slowakei annektiert hatten, war Großvaters Krankheit schlimmer geworden. Er verbrachte viel Zeit mit Zeitunglesen, lauschte den hysterischen Reden Hitlers im Radio, seufzte, verspottete im stillen den Nachfolger von Beneš, Dr. Emil Hacha (Dr. Hachas Absichten mochten gut sein, aber er sei nun mal senil und schwach, behauptete Großvater), und versorgte die Familie mit seinen eigenen, scharfsinnigen Einschätzungen der Lage: »Die Engländer und Franzosen geben sich der fatalen Hoffnung hin, der Führer werde sich mit diesem winzigen Appetithappen begnügen und sie in London und Paris unbehelligt lassen. Aber sie täuschen sich, diese Dummköpfe. Und sie werden noch für ihren Verrat an der Tschechoslowakei zu zahlen haben. Hitler will sich ganz Europa einverleiben, und einen tollwütigen Hund hält man nun mal nicht mit einem Regenschirm in Schach. Amerika wäre in der Lage, ihn zu stoppen. Aber wie mir Verwandte aus Washington schreiben, halten die Separatisten Roosevelt an seinen Lehnstuhl gefesselt. Sie sehen keine Veranlassung, die eigenen Söhne zu opfern, nur um das unglückliche Europa zu schützen.«

»Und was wird aus uns, Siegmund?« fragte Großmutter.

»Das werden wir sehen. Glücklicherweise sprechen wir deutsch!«

»Hast du nicht gelesen, wie sie sich an den deutschen Juden vergehen?« warf Mutter entrüstet ein.

»Doch, habe ich, und ich mache mir Sorgen.«

»Man muß etwas tun«, sagte Vater.

»Du hast recht, Walter«, stimmte Großvater zu, nippte an seinem Glas und schluckte eine Beruhigungstablette.

Großvater wollte nach Mascha rufen, damit sie das Geschirr abräumte, aber Großmutter bemerkte, das Mädchen sei bereits schlafen gegangen, und es wäre schade, sie noch mal hochzuscheuchen. Großvater ließ sich überzeugen und fügte hinzu, er vertraue Mascha hundertprozentig und habe beschlossen, ihr Gehalt zu erhöhen.

»Das wird nicht schaden«, stellte er fest.

Einige Monate nach jener nächtlichen Aussprache fuhr Vater als Tourist nach Erez Israel. Der kranke Großvater, Großmutter Walli, Mutter und ich, sein dreijähriger Sohn, blieben zurück, um auf die Läden und das Haus aufzupassen.

Ich fotografierte das Haus und die beiden Läden aus jedem nur erdenklichen Winkel. Dann überquerte ich die Straße und blickte ins Schaufenster, in dem Handtücher, bunte Tischdecken, ein Rolle mit Stoff, Unterhosen und -hemden, ein karierter Regenschirm und Lederportemonnaies ausgestellt lagen. Als ich mich daran satt gesehen hatten, holte ich tief Luft, löste mich vom Schaufenster und betrat den Laden. Meine Frau zögerte nicht lange und folgte mir. Die Kasse, hinter der Großmutter zu stehen pflegte, mit ihrem stämmigen Körper die Einnahmen verteidigend und gleichzeitig Vater und die Angestellten im Auge behaltend, damit diese die Kunden aufmerksam und zuvorkommend bedienten, diese Kasse also stand auf einem Tisch unweit der Eingangstür. Hinter der Kasse verbarg sich ein schwarzer Telefonapparat, der offenbar nicht angeschlossen war. Von der Kasse aus erstreckte sich ein langer, rundumlaufender Verkaufstresen, der einen Abstand zwischen den Kunden und der Ware in den Regalen schuf. Die Regalböden waren mit grünlichem Papier ausgelegt, das mich an Chirurgenkittel erinnerte. Im hinteren Teil des Ladens hing ein dunkler Vorhang, der dem Verkaufsraum etwas von seinen riesigen Ausmaßen nahm. Zwei Verkäuferinnen, eine jüngere mit violett angemalten Lippen und kastanienbraunem Haar, das nachlässig über ihre kräftigen Schultern hing, und eine ältere, deren rundliches Gesicht ungeschminkt war, verfolgten uns mit mißtrauischen Blicken, hielten sich aber zurück, uns anzusprechen.

»Kommst du dir auch wie ein Dieb vor?«

Ich verlangte ein halbes Dutzend Taschentücher, drei Krawatten aus Flachs, einen Regenschirm für Mutter, Trockentücher und Einkaufstaschen aus billigem Stoff (Großvater, der immer die neueste und erlesenste Mode aus Wien, Prag und Warschau mitbrachte, hätte sich beim Anblick des »Krams«, der jetzt in seinem exquisiten Geschäft verkauft wurde, im Grabe gewälzt, wenn er denn ein solches gehabt hätte). Die jüngere der beiden Verkäuferinnen stapelte die Sachen auf den Tresen, wobei sie sicher an ihr eigenes dürftiges Gehalt denken mußte und die Touristen beneidete, die derart viel Geld ausgeben konnten. Meine Frau wählte bestickte Kopftücher, eine Tischdecke, Servietten, weiße Baumwollsocken, Perlmuttknöpfe und zwei Pakete Wolle für Mutter.

»Mehr kann man hier wirklich nicht kaufen. Von mir aus können wir gehen.«

Doch ich wollte mich noch nicht von dem Laden trennen, wollte noch ein wenig in ihm verweilen. Den Tresen berühren. Die stickige Luft atmen und einen Blick hinter den Vorhang werfen. Ich sagte meiner Frau, sie solle schon zur Kasse gehen und bezahlen, und streifte dann weiter durch den Laden. Die ältere Verkäuferin wies die jüngere an, die

Rechnung zusammenzustellen, und folgte mir dann, wobei sie sich auf dem Tresen abstützte. Erst jetzt bemerkte ich, daß sie leicht hinkte.

»Suchen der Herr etwas Bestimmtes?« wandte sie sich freundlich an mich.

»Was haben Sie dort noch?« fragte ich auf deutsch und wies hinter den Vorhang.

»Warum fragen Sie?«

»Die bloße Neugierde eines Touristen. Meine Frau und ich sammeln Gegenstände aus der Zeit vor dem Krieg.«

Ich war nicht sicher, ob die erfahrene Verkäuferin meine dürftige Ausrede für bare Münze nahm, aber immerhin setzte sie unsere Unterhaltung fort.

»In den fünfziger Jahren, als mein verstorbener Gatte und ich den Laden pachteten, fanden wir zu unserem Glück in den Kellerräumen Kartons mit besten Flanellhemden, österreichischen Regenmänteln und englischen Tweedsakkos, die die Besitzer des Ladens dort versteckt hatten, bevor sie geflohen waren. Inzwischen kann man es ja sagen, daß wir die Ware damals – unter dem Tresen – zu einem gepfefferte Preis verkauft und gutes Geld gemacht haben. Das ist lange her, mein Herr. Heutzutage führen wir nur noch Stücke aus tschechischer Produktion oder aber Ware, die aus Ungarn und Polen importiert ist.«

»Vielleicht werden Sie schon bald auch Waren in Österreich oder Deutschland einkaufen können?«

»Es gibt schon welche, die von dort importieren lassen, zum Beispiel Pavel, am Ende der Straße. Das Problem ist, daß die Löhne nicht gestiegen sind, und die Menschen ... Ich sehe, daß Sie die ganze Zeit nach dem Vorhang schauen. Wenn Sie wünschen, ziehe ich ihn auf. Auch mein Gatte, er ruhe in Frieden, hat gern nach der Nachbarin von gegenüber geschaut!« Sie lachte.

»Und hat es sich gelohnt?«

»Glauben Sie mir, ich war schöner als die, trotz des verfluchten Beins.«

Die Verkäuferin zog den Vorhang zur Seite und gab den Blick frei auf eine Reihe nackter Regale, ein Klappbett, das mit einer Decke abgedeckt war, und einen winzigen Tisch, auf dem ein elektrischer Wasserkocher, zwei runde Dosen, Kaffeebecher und ein Teller mit Keksen standen.

»Hier machen wir uns etwas Warmes zu trinken, und wenn mal keine Kunden da sind, lege ich mich auf das Bett da, um ein wenig auszuruhen. Renate, das Mädchen an der Kasse, bringt abends ihren Freund her. Ich habe nichts dagegen. Sie sind jung und verliebt und haben sonst nichts, wohin sie könnten.«

»Und was ist das?« Ich wies auf eine längliche Holzplatte, die hinter dem Klappbett an die Wand gelehnt stand.

»Ah, das! Wenn Sie sich bücken und unter dem Tresen durchkommen, zeige ich es Ihnen.«

»Darf ich?« fragte ich verstört, wie ein kleiner Junge, der fragt, ob er die Geburtstagsgeschenke öffnen darf.

»Warum nicht?«

Meine Frau kam herbei, um zu sehen, welchen Fund ich gemacht hatte.

»Das stammt noch aus dem alten Laden«, sagte die Verkäuferin. »In den Jahren, als wir kalte Winter hatten und die Kohlen immer teurer wurden, wollte ich es schon in Stücke hacken und den Ofen damit anheizen. Aber mein Mann weigerte sich, es zu verbrennen. ›Du wirst schon noch sehen, Liebste‹ – so nannte er mich immer, wenn er sich bei mir einschmeicheln wollte – ›eines Tages kommt aus Amerika ein reicher Enkel oder Urenkel der ehemaligen Besitzer und zahlt in Gold für das Schild.‹«

»Das Schild?«

»Drehen Sie es um und Sie werden sehen.«

Meine Frau half mir, die schwere Platte umzudrehen. Auf dem Schild, dessen Lettern mit den Jahren verblaßt waren, stand auf englisch: *Gentleman.* Zu beiden Seiten des Namens waren Kragen, Hemden, ein Sakko, Strümpfe, Handschuhe, Gürtel und eine Geldbörse gemalt. Und darunter: *Siegmund H. und Sohn.*

Ich betrachtete das Schild mit dem Blick eines Liebhabers und fuhr mir über die Lippen.

»Die wußten damals noch, wie man Schilder malt!« stieß ich endlich hervor. »Darf ich es fotografieren?«

»Bitte sehr! Möchten der Herr das Schild für ... einhundert Dollar kaufen?« Die Verkäuferin hatte kaum hörbar gefragt, als spräche sie mit sich selbst.

»Nein!« schreckte ich auf. »Ich möchte es nur fotografieren. Für unsere Sammlung. Was hältst du davon?!« fragte ich meine Frau.

»Welche Sprache ist das, die sie da sprechen, mein Herr?«

»Hebräisch.«

»Die Sprache der Juden?«

»Die der Israelis.«

»Ist das nicht dasselbe?«

»Nicht ganz. Vielen Dank, meine Dame. Darf ich ihnen ein kleines Geschenk machen?« Während ich noch fragte, zog ich meine Brieftasche hervor.

»Ich habe genug an dem verdient, was Sie gekauft haben. Es kommen nicht jeden Tag so gute Kunden zu uns, wie Sie einer sind. Aber geben Sie Renate ein Trinkgeld. Sie spart jede Krone für die Hochzeit. Die Herrschaften fahren heute Abend noch nach A. weiter? Oder kehren Sie mit dem Nachtzug nach Prag zurück?«

»Wir übernachten im ›Krantz‹.«

»Wann lerne ich endlich, den Mund zu halten?« flüsterte

die Frau, besorgt. Sie zog den Vorhang wieder zu und humpelte langsam zur Kasse.

Ich reichte der jüngeren Verkäuferin einen Hundertkronenschein und sagte auf tschechisch: »Danke und auf Wiedersehen!«

Meine Frau wartete bereits draußen mit den Paketen auf mich.

»Genau in dem Moment, als ich den Laden verließ, habe ich gesehen, wie die Hinkende den Hörer aufgenommen und jemanden angerufen hat.«

»Jetzt wissen sie, daß ich zurückgekehrt bin.«

»Du klingst, als freutest du dich.«

»Ich fürchte mich.«

»Wer sollte uns etwas tun wollen?«

»Ich weiß nicht. Ich habe nur dieses Grummeln im Magen. Genau wie Mutter. Vielleicht ... komm, laß uns in dem kleinen Laden eine Cassette kaufen.«

»Gern!«

Aus den Lautsprechern des Plattenladens schlug uns stampfende Rock- und Discomusik entgegen. Riesige Poster aus den sechziger Jahren, von den Beatles, Elvis Presley und Dalida, schmückten die Wände des Geschäftes. In einem Schaukasten fanden sich seltene Klassikaufnahmen, Cassetten und Compact Discs mit aktuellen Schlagern. Ich sah mich um, suchte nach Mutter, die einen Moment ausnützt, da keine Kunden im Laden sind, einen neuen Hut aufgesetzt hat und Blicke mit ihrem bezaubernden Spiegelbild austauscht, oder aber eine lästige Kundin bedient, die eine Hutschachtel nach der nächsten öffnet und nach einem Hut sucht, der ihre Freundinnen sprachlos machen und die bewundernden Blicke von draufgängerischen Männern mit italienischen Strohhüten wecken soll.

»Ich habe einige Cassetten mit tschechischen Volksliedern

ausgesucht, dazu die zweite Symphonie von Beethoven, dirigiert von Toscanini, und außerdem die slowenischen Tänze von Dvorák. Bezahlt habe ich auch schon. Komm, laß uns gehen.«

Ich verabschiedete mich auf englisch und schwebte nach draußen.

»Jetzt kaufen wir bei Pavel noch etwas zu essen und kehren dann ins Hotel zurück. Die Wohnung besichtigen wir morgen früh.«

»Nein, ich muß sie jetzt noch sehen.«

»Macht es dir etwas aus, allein nach oben zu gehen?«

»Nein. Geh du schon in den Feinkostladen. Wir treffen uns in einer Viertelstunde, vor unserem Schaufenster. Und falls ich nicht da sein sollte –, rufst du einen Polizisten.«

»Vielleicht sollte ich besser doch mitkommen. Ich habe deiner Mutter versprochen, auf dich aufzupassen.«

»Sie hat mit Sicherheit gesagt: ›Erzähl Tommy nicht, worum ich dich gebeten habe, aber …‹«

»Wie kannst du das wissen?«

»Ich habe zweiundzwanzig Monate zusammen mit Mutter auf einer Pritsche in Bergen-Belsen geschlafen. Seither kennen wir uns in- und auswendig.«

*

Bevor Großvater Siegmund nach T. übersiedelte, hatte er mit seiner kleinen Familie in einem Bergarbeiterstädtchen unweit von A. gelebt. Dort kaufte er von einem Ladeninhaber, der Konkurs angemeldet hatte, für einen Spottpreis dessen armseliges Konfektionshaus und machte schon bald eine Goldgrube daraus. Er ließ den Laden umbauen, staffierte ein Schaufenster mit Puppen aus, die Kleider und Anzüge trugen, und brachte aus den großen Städten erstklassige Ware mit. Innerhalb kürzester Zeit hörten die Frauen der Bergwerksbeamten, die Ingenieure und Verwaltungsangestellten auf, ihre Einkäufe in A. zu tätigen, und fingen an, bei dem Juden zu kaufen. Nicht wenige Einwohner des Städtchen sahen den erfolgreichen Kaufmann mit scheelen Blicken an, der deutsch, tschechisch und polnisch sprach, stets hielt, was er versprach, sich aufwendig kleidete und sogar von Baron Krantz höchstpersönlich in sein Schloß eingeladen wurde. Der greise Adelige beriet sich mit dem Juden, wie er sein Geld investieren sollte und wie mit den frechen Arbeitern umzuspringen wäre.

»Diese Taugenichtse wollen weniger arbeiten und mehr Lohn bekommen! Sie verlangen, ich solle gute Gäule in die Stollen einfahren lassen, damit diese die Loren zögen!«

»Lassen Sie den Leuten gegenüber Nachsicht walten und geben Sie ihnen, was sie verlangen. Die Männer sind verzweifelt und haben nichts zu verlieren außer der Schwindsucht.«

»Sollen sie doch verrecken! Ich habe erfahren, daß diese Schurken heimlich Zusammenkünfte abhalten und Flugblätter der Bolschewisten verteilen.«

»Ein Rad, das sich vom Wagen gelöst hat und den Berg hinabrollt, läßt sich nur schwer aufhalten.«

»Was für ein Rad denn? Und welcher Wagen? Hör Er auf in Gleichnissen zu sprechen, Siegmund.«

»Überstürzen Sie nichts, Exzellenz. Und lockern Sie ein wenig die Zügel.«

Doch der Baron wischte Großvaters Ratschlag mit zitternder Hand vom Tisch.

»Ich fürchte mich nicht vor dem Pöbel!« rief er aus und bekam einen so heftigen Hustenanfall, daß es seinen fragilen Körper schüttelte und ihm das Monokel aus dem Auge warf. »Ich habe – aber das ist streng geheim! – ein Telegramm an seine Majestät, Kaiser Franz Joseph, geschickt, und seine Majestät hat zugesichert, eine Kompanie Husaren mit gezückten Säbeln in die Minen zu schicken, um den Aufständischen eine Lehre zu erteilen, die sie ihr Lebtag nicht vergessen werden!«

Danach tauschten die beiden Männer Eindrücke aus der Oper *Die verkaufte Braut* aus, die sie in Wien gesehen hatten (der Baron rief sich bei dieser Gelegenheit eine wohlgeformte Tänzerin in Erinnerung, auf die er sein schielendes Auge geworfen hatte), und spielten ein Partie Tarock.

Von Zeit zu Zeit, wenn Kälte und Hunger in dem Städtchen überhand nahmen, heuerte Großvater einen Bauern an, ließ sich mit dessen Schlitten zu den Unterkünften der mittellosen Bergarbeiter fahren, die tief unter Schneemassen begraben lagen, und verteilte dort warme Kleidung und Nahrungsmittel an die Witwen und Waisenkinder. Diese betrachteten den Kaufmann, der in seinen Pelzmantel gehüllt saß, als sei er der Heilige Nikolaus leibhaftig, küßten seine Hände und baten, ihm, der gnädigen Frau Gemahlin und dem kleinen Walter möge ein langes Leben beschieden sein. Andere dagegen behaupteten grimmig: »Das gehört alles uns! Wir kriechen wie die Maulwürfe durch die Stollen, schlucken Staub und spucken Blut, und der Jude, der den Heiland ans Kreuz genagelt hat, ißt die ganze Woche über Semmeln und lebt wie ein König!«

Als der Thronfolger Ferdinand in Sarajevo ermordet wurde, rief man Großvater zum Dienst am Vaterland. Der Krieg sollte in sechs Wochen beendet sein, spätestens. Und das mit einem grandiosen Sieg der kaiserlichen Truppen. Aber zum allgemeinen Leidwesen und entgegen den Prophezeiungen und Versprechen der hochdekorierten Generäle währte der Krieg vier blutige Jahre, an deren Ende der Ausverkauf des einstmals mächtigen österreichisch-ungarischen Kaiserreichs stand. Im Jahre 1914 war Siegmund zweiunddreißig Jahre alt, ein wohlhabender Kaufmann mit guten Beziehungen aber schwacher Gesundheit, dessen Herz von Mal zu Mal einen Schlag aussetzte. Die Musterungskommission war von seinem Auftreten beeindruckt und erwog die Möglichkeit, den gebildeten Mann zu einem Offizierslehrgang zu schicken. Da sie aber bereits vier jüdische Offiziersanwärter auf der Liste hatten, wurde Großvater als Administrator dem Stab eines Militärarztes in A. zugeteilt. (Der war von Hause aus Frauenarzt und behandelte vor allem die Gespielinnen der sich langweilenden Stabsoffiziere, mit denen sich diese fern der Front vergnügten.) Seine kriegsentscheidende Aufgabe ermöglichte es Großvater, regelmäßig Urlaub zu bekommen und Großmutter zu helfen, die in seiner Abwesenheit das Geschäft führte.

Im Laufe der Kriegsjahre gewann er zusehends Einblick in die Geheimnisse der Medizin, und wenn der Sanitätshauptmann sich mit seiner Verlobten wieder einmal in den Bergen der Tatra vergnügte, war Großvater es, der den Soldaten Chinin und Klistiere verschrieb, die Beinamputierten, die aus dem Lazarett entlassen werden sollten, mit einem Versehrtenzertifikat samt Stempel versah und dem Oberkommando empfahl, ihnen ein Eisernes Kreuz zweiter oder dritter Klasse an die Brust zu heften. Nur eine Sache betrübte ihn: Die graugrüne Uniform, die nachlässig aus grobem Stoff gefertigt war, kratzte auf der Haut und erweckte seinen Abscheu. Als er vergeblich versucht hatte, das Gewünschte aus der Kleiderkammer zu erhalten, bestellte Großvater bei seinem Schneider einen Uniformrock in bester Qualität. Man kann sich die Bestürzung der Sanitäter und Ärzte im Lazarett gut vorstellen, als Großvater das Büro betrat, gekleidet in seine prachtvolle Uniform mit den zwei Streifen eines Korporals am Ärmel.

»Das wird Sie teuer zu stehen kommen!« fuhr ihn der Gynäkologe im Rang eines Hauptmanns an.

»Jedes Kleid hat nun einmal seinen Preis. Gehen Sie zum Schneider und weisen Sie ihn an, er soll Ihnen auch so einen Anzug machen. Die Rechnung ist bereits bezahlt.«

»Für eine solch schöne Uniform paßt ein kleiner Orden«, zwinkerte der Arzt Großvater zu.

»Heben Sie die Orden besser für die Soldaten auf, die in den Schützengräben Nervengas einatmen, mit aufgepflanztem Bajonett im Sturmangriff auf die Serben losgehen und dabei auf die Leichen ihrer getöteten Kameraden treten. Ich ... ich bin kein Held.«

»Auch wir erfüllen unsere Pflicht, Korporal!« protestierte der Hauptmann und machte sich daran, den Fuß einer jungen Frau zu bandagieren, die sich beim wilden Csárdás den Knöchel verdreht hatte.

Eines Tages wurde Korporal Siegmund gebeten, in der Kommandantur vorstellig zu werden, wo man ihm mitteilte, der den Oberbefehl führende Arzt habe beschlossen, ihm den Maria-Theresia-Orden zu verleihen. Großvater wollte zunächst ablehnen, verstand dann aber, daß er nicht undankbar sein durfte. Und so dehnte der tapfere Korporal bei einem eindrucksvollen Appell die Brust, (wobei sein Herz einen Schlag aussetzte), als der Generalarzt ihm den Orden anheftete, ihn umarmte und ihm anerkennend auf die Schulter klopfte. Wenn Großvater von nun an nach Hause kam, salutierten ihm die Nachbarn ehrerbietig, und als er die bewundernden Blicke bemerkte, legte er sich ein leichtes Hinken zu, kaufte einen Gehstock mit Elfenbeinknauf und murmelte gut vernehmlich: »Ein Glück nur, daß der Feldscher keine Säge zur Hand hatte!«

Es dauerte nicht lange, bis die Frauen im Städtchen anfingen, sich verstohlen über seine Heldentaten auszutauschen. Großvater kamen diese Märchen zu Ohren, er zwirbelte seinen kurzen Schnurrbart und verfluchte insgeheim seinen Vorgesetzten, den Gynäkologen. Am Ende konnte er die Schande nicht länger ertragen, nahm den Orden ab und verwahrte ihn in einer Kiste, für alle Fälle. Zum Ende des Krieges, als sich das rostige Korsett des großen Kaiserreiches zu lockern begann, und die unterdrückten Völker Haupt und Fahne erhoben, kam es auch in den Kohlegruben zwischen A. und K. zu Unruhen. Die ausgebeuteten Bergleute griffen zu Hämmern und Schlegeln und versuchten, das befestigte Schloß des Baron Krantz zu stürmen. Ein getreuer Diener jedoch, der bewaffnet mit einem Jagdgewehr auf dem Aussichtsturm postiert worden war, gab drei Salven in die Menge ab und verwundete einige von den Belagerern. Die Bergleute hielten verunsichert inne, scharten sich um ihre verwundeten Kameraden und beschlossen, ein anderes, weniger gut geschütztes Ziel anzugreifen. Dann marschierten sie zur Schenke von David dem Juden, die am Stadtrand gelegen war, leerten einige Fässer Schnaps und Bier und verprügelten den Schankwirt. David, dem es wie durch ein Wunder gelang zu entkommen, warnte die übrigen Juden vor dem drohenden Pogrom.

Im weiteren Verlauf ihres Triumpfzugs erbeuteten die Bergleute einige Pferde und Kühe, die auf einer Weide gestanden hatten, bewaffneten sich mit Heugabeln und vergingen sich an dem Briefträger, der ihnen auf seinem Fahrrad über den Weg gefahren kam, verstreuten die Briefe in alle Himmelsrichtungen und nahmen dem Alten seine

Schirmmütze mit dem Wappen der kaiserlichen Post ab. Danach prügelten sie sich um das Vorrecht, wer die Mütze bekommen und wer auf dem Fahrrad sitzen sollte. Die Sonne, die sich funkelnd in den Grubenlampen der Bergleute spiegelte, die frische Luft und der Schnaps machten die Männer schwindelig im Kopf. Sie begannen von den Wellen des Flusses zu singen, die langsam dahinrollen, und von dem Mädchen, das Blumen auf dem Feld pflückt. Die Lieder erfüllten ihre Herzen mit mächtiger Trauer und ließen die Empfindsamen unter ihnen einige Tränen vergießen, sich mit der Faust auf die Brust schlagen und das eigene bittere Schicksal beklagen. Auf den Pferden reitend, laufend, stolpernd, hinfallend und sich wieder hochrappelnd erreichten die Bergleute schließlich die Außenbezirke von Großvaters Städtchen. Dort schlossen sich ihre Frauen und Kinder dem Zug an. Auf den Stufen zur Kirche erwartete sie der Priester, gekleidet in seinen schwarzen Talar, hielt er das silberne Kruzifix fest umklammert. Zwei Novizen hatten sich ihm wie unbefleckte Engel zur Seite gestellt. »Habt keine Angst, meine Söhne. Gott ist mit uns!« beruhigte der Priester seine Zöglinge, die das Ausmaß der Gefahr gar nicht erkannten. »Das ist ja unser Gaul!« rief plötzlich einer der beiden Novizen, pfiff einmal scharf, worauf das Pferd seinen Reiter abwarf und die Kirchentreppe hoch galoppiert kam. Der apokalyptische Anblick des reiterlosen Pferdes, der brennenden Fackeln und der Heugabeln, dazu die aufgebrachten Rufe der Menge, erschütterten die Selbstsicherheit des Priesters. Er raffte den Saum seines Talars und flüchtete ins Innere der Kirche. Seine beiden verstörten Novizen folgten ihm eiligst und verriegelten das schwere Kirchenportal. Das Pferd blieb draußen zurück, wieherte sehnsüchtig und beäugte die Menge auf dem Kirchenvorplatz.

Zwei Gendarmen, die vor dem Eingang zum Rathaus postiert waren, pflanzten ihre Bajonette auf und befahlen den Versammelten, sich im Namen des Gesetzes zu zerstreuen. Doch als die fanatisierten Bergleute näherrückten, hielten die beiden eine schnelle Lagebesprechung ab und führten dann einen taktischen Rückzug in den Innenhof durch, in der Absicht, Hilfe herbeizurufen und bis zum letzten Mann auszuhalten.

Die hungernden Frauen waren es, die ihre Ehemänner ermutigten, Geschäfte aufzubrechen und Beute zu machen. Die Männer und jungen Burschen sprengten die Schlösser und schoben die eisernen Rolladen hoch, worauf alle geschlossen hineinstürmten und begannen, Töpfe, Pfannen und Teller anzuhäufen und nach draußen zu schleppen. Im zweiten Laden waren es Tuchrollen und Kleidungsstücke, im dritten dann Schuhe und Stiefel. (Einige Unglücksraben erwischten im allgemeinen Gedränge und Durcheinander zwei Linke). Aus den Krämerläden wurden sackweise Zucker, Salz und Erbsen geholt, ein Kanister Öl, Käsestücke und Würste, Essigflaschen und einfach alles, was man sich ins Umschlagtuch stopfen, den betteln den Händen der Kinder überlassen oder auf den Rücken packen konnte, um sich dann aus dem Staub zu machen, bevor die Gelegenheit vorüber und die Ordnung wieder hergestellt war. Als von den Waren nichts mehr übrig war, hielt man sich an die Stühle, Verkaufstresen, die Spiegel und Öllampen – und was nicht zu transportieren war, wurde kurz entschlossen in Stücke gehauen.

Auch der Laden der Großeltern wurde geplündert.

Und noch immer rotteten sich auf dem Marktplatz kleine Grüppchen ausgelassen feiernder Bergleute zusammen, die nicht wußten, was nun zu tun war. Doch gerade, als die Hochrufe allmählich verstummten und die Menschen begannen, auseinander zu laufen und in ihre ärmlichen Behausungen zurückzukehren, um sich an dem zu erfreuen, was sie mitgenommen hatten, und am nächsten Morgen zur Frühschicht aufzustehen, um ja nicht einen Arbeitstag zu versäumen, da also schlug irgend jemand vor, sich die Häuser der Juden vorzunehmen, die ihr Gold in Kopfkissen und Federbetten versteckt hielten. Etliche von den Versammelten protestierten gegen diesen Vorschlag und meinten, die Juden hätten schon seit Generationen in der Stadt gelebt, einträchtig und in Frieden. Andere behaupteten, die Juden hätten gemeinsame Sache mit den österreichischen Machthabern gemacht. Diejenigen, die zunächst die Juden verteidigt hatten, nahmen ihre Beute auf und gingen nach Hause. Die Übrigen zogen weiter in Richtung Judenviertel.

Es gab Juden, die Unterschlupf in den Häusern ihrer christlichen Nachbarn fanden und zusehen mußten, wie andere ihrer Nachbarn die Fensterscheiben einwarfen, die Türen in Stücke hieben und herausschleppten, was immer ihnen in die Finger gefallen war. Und dann waren da jene Juden, die zu Stöcken griffen und auf die betrunkenen Randalierer einprügelten, bis sie selbst zu Fall gebracht und von der grölenden Menge niedergetrampelt wurden. Großmutter versteckte Vater unter dem Bett und baute sich an der Tür auf, groß und bedrohlich. Ihre ausgeprägten Wangenknochen waren wie versteinert, ihr Nasenrükken krümmte sich wie der Schnabel eines Raubvogels. Die Leute sahen sie und wußten nicht, was zu tun war. Einige, die regelmäßig im Laden der Großeltern einkauften, wandten sich gesenkten Blicks ab. Plötzlich trat der Geselle des Schmieds vor, schob sie grob beiseite und drängte sich ins Haus.

»Was ein Schloß!« rief er voll Bewunderung aus. »Kommt

Brüder! Was steht ihr da wie angewurzelt an der Tür? Wer zuerst kommt, mahlt zuerst!« Ohnmächtig mußte Großmutter mit ansehen, wie die Männer und Frauen ins Haus stürmten, von Zimmer zu Zimmer stürzten, die Kopfkissen aufrissen und die Federn verstreuten. Begierig rissen sie die silbernen Kandelaber an sich, den Chanukkaleuchter, die Teppiche und Mäntel, die Handtücher und Bettlaken, Großvaters Hemden, seine langen Unterhosen und ihre eigenen Kleider. (Eine der Frauen streifte sich ein Korsett über und ließ zur allgemeinen Freude der Plünderer ihre schweren Oberschenkel kreisen, bis ihr in den Sinn kam, daß, während sie noch für Heiterkeit sorgte, die anderen nichts mehr übrigzulassen drohten!) Weder vor Küchengegenständen noch vor den Marmeladengläsern oder eingelegten sauren Gurken in der Speisekammer wurde haltgemacht. Doch gerade, als sich zwei zu streiten begannen, wer von ihnen die Kaffeemühle zuerst gesehen hatte, drängte sich eine Nachbarin durch die Menge und brüllte: »Schämt euch, ihr lieben Leute! Was ist bloß in euch gefahren? Habt ihr denn vergessen, was Vater und Mutter euch gelehrt haben? Unser Herr Siegmund kämpft für das Vaterland. Heldenhaft kämpft er und hat schon einen Orden bekommen. Und ihr raubt sein Haus aus und vergeht euch an seiner hochverehrten Gattin?! Habt ihr etwa schon vergessen, wie er euch Kleider, Decken und Geschenke zum Fest gebracht hat? Den Heiligen Nikolaus habt ihr ihn genannt. Laßt alles liegen, was ihr genommen habt, und verlaßt auf der Stelle das Haus! Und legt am Sonntag beim Priester die Beichte ab und bittet um Vergebung! Wo ist der kleine Walter? Ihr werdet ihm doch wohl nichts angetan haben?«

Walter kam unter dem Bett hervorgekrochen, griff nach der Schürze seiner Mutter und schaute die Gäste mit großen Augen an. Großmutter Walli nahm ihn auf den Arm. Zögerlich begannen die Männer, das Diebesgut sinken zu lassen, und stahlen sich aus dem Haus. Die Frauen rissen ihren Kindern, die sogleich in Tränen ausbrachen, erbost das schöne Spielzeug aus den Händen. Dann warfen sie einen letzten Blick auf das gepflegte, nun halbleere Haus und verschwanden gedemütigt und zutiefst beleidigt.

»Kommen Sie, Frau Nachbarin, diese Nacht schlaft ihr bei uns. An Decken fehlt es nicht.«

»Ich danke Ihnen. Aber wir werden die Tür verrammeln und hier bleiben, um auf das Haus aufzupassen. Siegmund wird Ihnen niemals vergessen, wie Sie uns beschützt haben. Sie haben uns das Leben gerettet.«

»Ich hätte niemals geglaubt, daß gute Christen so etwas tun würden.«

»Sie haben es ja mit eigenen Augen gesehen. Wäre es möglich ...«

»Was können wir für sie tun, Teuerste? Sagen Sie es nur, zögern Sie nicht.«

»Wäre es möglich, daß Ihr Gatte sich ein Pferd besorgt und nach A. reitet, um den Korporal in Kenntnis zu setzen?«

»Ich werde ihn fragen, wenn er aufwacht und vom Wein wieder nüchtern ist. Auch er, Gott möge ihm vergeben, ist mit allen anderen in die Schenke gestürmt und nur durch ein Wunder heil nach Hause gekommen.«

Am nächsten Tag zog Großvater an der Spitze einer zehn Mann starken Abteilung von Kavalleristen in die Stadt ein. Sein Einmarsch sorgte für erhebliches Aufsehen, und die Menschen, die ihm unterwegs begegneten, flüchteten sich in ihre Häuser. Großvater umarmte seine Frau und küßte seinen Sohn. Dann schätzte er den entstandenen Schaden, und als er sah, daß das teure Ölgemälde von Gottlieb, hinter dem er in einer Ausschachtung Schmuck und Geld versteckt hielt, noch an seinem Platz hing, atmete er erleichtert auf.

»Ich werde es ihnen zeigen! Und du, mach dir keine Sorgen. Es ist uns noch genug geblieben«, fügte er flüsternd hinzu.

»Habe ich mich etwa beschwert?« zeigte sich Großmutter beleidigt.

»Die Hauptsache ist doch, daß du und Walter wohlauf seid.«

Mit einem Mal bemerkte Großvater den vorwurfsvollen Blick des Jungen. Es war dies das erste Mal, daß sich sein Sohn dicht bei seiner Frau hielt. Vielleicht dachte er ja, daß Großvater sie im Stich gelassen hatte, daß er nicht in der Lage war, sie zu beschützen. Er, der er seine Familie in allen Ehren zu ernähren wußte und seine mittellosen Schwestern mit einer monatlichen Zahlung unterstützte!

»Möchtest du auf dem Pferd reiten?« versuchte er die Zuneigung des Kindes zu erkaufen.

»Nein!«

»Wir werden über den Platz reiten wie zwei Soldaten.«

Großvater blieb drei Tage in der Stadt. Er ging von Haus zu Haus, ordnete Durchsuchungen an und holte sich einen Teil des geraubten Besitzes wieder. Den silbernen Kelch jedoch, den Großmutter von ihren Eltern bekommen hatte, fand er nicht. Einige Male hielt er auf der Straße einen Bergmann an und befahl ihm, das Popelinhemd abzustreifen, das am Revers die gestickten Initialen von Großvaters Namen trug. Für gewöhnlich entschuldigte sich der Mann, zog das Hemd aus und machte sich in seinem zerrissenen, fleckigen Unterhemd davon.

Als der Heimaturlaub zu Ende ging und Großvater nach A. zurück mußte, teilte Großmutter ihm mit, sie werde das Kind mit zu ihren Eltern aufs Land nehmen. Großvater, der nicht gewohnt war, Befehle zu empfangen, widersetzte sich dieses eine Mal nicht.

»Laßt es euch im Dorf gut gehen, bis die Generäle aufhören, die Säbel zu schwingen, und sich endlich die Hände reichen wie wohlerzogene Kinder! Trinkt frische Milch, eßt Obst und Gemüse und seht zu, daß ihr von der Sonne ein wenig Farbe bekommt. Und du, Walter, wirst dich im Reiten üben und das große Einmaleins auswendig lernen. Ich will nicht, daß du mir Schande bereitest!«

Nach seiner Entlassung aus der Armee verkaufte Großvater Haus und Geschäft.

»Ich bin nicht gewillt, unter Räubern zu leben!« tat er seinen Bekannten kund, die sich wunderten, warum der Kaufmann die Stadt verlassen wollte.

Mit dem Geld, daß er bekam, kaufte Großvater Militärmaterial auf, das nun nicht mehr gebraucht wurden. Die gewitzten Versorgungsoffiziere waren hoch erfreut, den Schrott, der sich in den Arsenalen türmte, loszuwerden und dabei eine kleine Provision in die eigene Tasche abzuführen. Großvater seinerseits verkaufte das Ganze an die Betreiber eines Stahlwerks, die dringend auf große Mengen Alteisen angewiesen waren, und verdiente eine Vermögen dabei. Eines Tages tauchte er mit einer Kutsche im Dorf auf und teilte Walli mit, man habe ihm ein Baugrundstück im Zentrum von T. angeboten. Großmutter, die ihren Gatten nur zu gut kannte, verstand, daß er sich bereits entschieden hatte, das Gelände zu kaufen (oder es bereits gekauft hatte!).

»Soll ich anfangen zu packen?«

»Wie hast du das nur erraten? In Kürze werden zwei Fuhrwerke mit Packern hier sein. Ich habe eine Wohnung in T. angemietet, in der wir wohnen werden, bis das Haus fertig ist.«

Unterwegs prüfte Großvater seinen Sohn Walter, der inzwischen sieben Jahre alt war, im Einmaleins und schalt ihn, wenn er durcheinander geriet und Fehler machte.

»Ein Kaufmann muß rechnen können!«

»Der Junge ist aufgeregt!« verteidigte ihn Großmutter.

»Und überhaupt, woher weißt du, daß Walter Kaufmann wird? Vielleicht wäre er viel lieber ... ein Maler!«

»Ich habe Zeichnungen von ihm gesehen. Rembrandt malt schöner! Willst du einen Blick in die Pläne für das Haus werfen?«

»Du hast schon die Pläne?«

»Selbstverständlich!« kostete Großvater seinen Triumph aus. »Das Haus ist von dem besten Architekten in A. entworfen. Ich habe ihm gesagt: Spar nicht am Geld. Ich will, daß das Haus ...«

»Übertreibst du nicht, Siegmund? Warum sollen den Leuten die Augen übergehen? Wer braucht schon ein dreigeschossiges Haus und zwei Läden?«

»Immer noch die gleiche Walli, die Tochter eines ...«

»Eines Landjuden, der eine Milchkuh und einen Gemüsegarten besitzt. Ich will mich gar nicht verändern!«

»Die Welt verändert sich aber, meine Teuerste. Die Tschechoslowakei, Polen, Ungarn und Jugoslawien sind zu unabhängigen Staaten geworden.«

»Ist es ihnen denn wirklich so schlecht unter der Fahne unseres guten Kaisers ergangen?«

»Jedes Volk will seine eigene Fahne, sein eigenes Parlament, eine Armee und Geldscheine, auf denen das Konterfei seines Präsidenten abgedruckt ist.«

»Und wir – was sind wir?«

»Tschechen natürlich, die deutsch sprechen und an die Religion Moses glauben.«

»Glauben?«

»Das ist eine Angelegenheit des Herzens. Wir haben Walter beschneiden lassen, damit die Alten zufrieden waren.«

»Und wenn es nach uns gegangen wäre?«

»Walli, Walli. Hör schon auf, lästige Fragen zu stellen. Der Junge hört zu!«

»Und wenn schon! Er muß lernen, der Welt ins Gesicht zu schauen und Fragen zu stellen! Das ist in meinen Augen wichtiger, als das große Einmaleins oder die aufrechte Haltung beim Reiten. Die Pogromisten haben ihm in Erinnerung gerufen, daß er ein Jude ist.«

»Und deshalb ziehen wir ja nach T.! Dort sind die Leute gebildeter und toleranter. Es gibt in T. ein deutsches Gymnasium, einen Sportclub, ein Laientheater und Menschen, die es sich erlauben können, Geld zu verschwenden und teure Kleidung zu kaufen. Ich habe auch schon über einen Namen für meinen, für unseren Laden nachgedacht! *GENTLEMAN* – auf englisch! So können sich weder die Tschechen noch die Deutschen oder die Polen beschweren. Genial, nicht?!

»Ich mag deine Spitzfindigkeiten nicht.«

»Walli! Und was Walter betrifft ...«

»Von mir aus soll er Maler werden!«

❋

Mimi war in dem Feinkostladen am Ende der Straße verschwunden, und ich zögerte noch einen Moment, bevor ich wagte, das Haus zu betreten. Als ich das Licht im Treppenhaus eingeschaltet hatte, fiel mein Blick sogleich auf eine Marmorplatte, auf der – für kommende Generationen – Großvaters Name, der des Architekten sowie das Jahr verewigt war, in dem das Haus erbaut worden war. Die Inschrift war beschädigt. Jemand hatte versucht, die Na-

men unkenntlich zu machen, aber die eingravierten Buchstaben hatten dem Meißel widerstanden.

Ich stieg die Treppe hinauf, strich über den Handlauf des
gerundeten Holzgeländers und spürte die Unebenheiten
des abgesplitterten Lacks, der seither nicht mehr erneuert
worden war. Hella, das Kindermädchen, hatte mich immer
auf dem Arm von der Wohnung im ersten Stock zum
Kinderwagen nach unten getragen, und ich hatte mich an
sie gedrängt und aus dem Treppenhausfenster auf die
Obstbäume im Hinterhof geschaut. Jetzt blickte ich auf
das Asbestdach eines grauen Schuppens, der dort errichtet
worden war.

Als ich dann laufen konnte, fing ich an, springend mehrere
Stufen auf einmal zu nehmen, begleitet von Großvaters
besorgten Rufen: »Hella, gib acht, daß Tommy nicht fällt!«
Als ich das erste Stockwerk erreicht hatte, stellte ich fest,
daß die Fünfzimmerwohnung, in der wir gewohnt hatten
(im rechten Flügel das junge Paar mit dem Kind, im linken
die Großeltern), in zwei getrennte Wohnungen unterteilt
worden war. Ich las den tschechischen Namen auf dem
Messingtürschild, atmete tief durch und drückte dann auf
den Klingelknopf. Als niemand antwortete, klingelte ich
ein zweites Mal, hörte, wie das enervierende Summen in
der Wohnung widerhallte, und spürte, daß sich drinnen
etwas rührte. Ich wartete einen Moment lang und klopfte
dann kräftig an die Tür, wie ein Hauseigentümer, der
verlangt, man möge ihm unverzüglich öffnen. Am Ende
hämmerte ich wild auf den Klingelknopf ein, wollte mein
Kommen kundtun, die Bewohner zwingen herauszukom-
men und nicht um Erlaubnis bitten. Die Tür auf der linken
Seite wurde einen Spalt breit geöffnet und eine Frau beäugte mich mißtrauisch. Ich machte einen schnellen Schritt in
ihre Richtung, sie aber schreckte vor mir zurück und warf

die Tür zu. Ich klopfte verhalten und hörte sie schwer atmend ein Husten unterdrücken.

»Wen suchen Sie denn?«

Eine einfache, mir peinliche Frage, die mich zwang, die Maske fallen zu lassen und vor der Unbekannten hinter der verschlossenen Tür ein Geständnis abzulegen.

»Ich bin in der Nachbarwohnung geboren.«

Die Frau zögerte noch einen Moment und öffnete schließlich die Tür, versperrte aber den Eingang mit ihrem kräftigen Körper.

»Ich verstehe kein Deutsch«, sagte sie auf tschechisch.

Ich bemühte sämtliche Ausdrücke, die ich auf tschechisch und polnisch noch wußte (dabei hatte ich als Kind in beiden Sprachen nur so vor mich hingeplappert!), und erklärte ihr, daß meine Großeltern vor vielen Jahren einmal in der Wohnung gelebt hatten, die sie jetzt bewohne. Die Frau blickte mich mit kleinen, verstörten Augen an, hielt sich am Türrahmen fest und behauptete hartnäckig, sie verstünde mich nicht. Ich nahm an, daß sie nur so tat und genau wußte, wer ich war. Insgeheim verstand ich, daß sie Angst hatte, ich könnte am nächsten Morgen in Begleitung eines Rechtsanwaltes oder eines Beamten von der Abteilung für Vertriebenenansprüche auftauchen, diverse Papiere zücken und ihr mitteilen, sie müsse die Wohnung nun räumen. Daher wollte ich sie beruhigen, ihr Vertrauen gewinnen, hatte indes aber nicht vor, auf meinen rechtmäßigen Anspruch zu verzichten, die Räume der Großeltern zu sehen. Ich erzählte ihr, ich sei von weit hergekommen, aus Jerusalem, und bat sie, mir zu erlauben, für einige Augenblicke hereinzukommen. Ich sagte, in meiner Kindheit hätte ich hier mit einer elektrischen Eisenbahn gespielt und imitierte sogar das Rattern der Räder und das Pfeifen der Lokomotive. Mir schien, als hätte ich ein Aufflackern guten Willens in ihrem kantigen Gesicht wahrgenommen, aber sofort wurde ihr Blick wieder hart und abweisend, sie hustete und versperrte weiterhin die Tür.

»Nein, nein! Mein Mann ist nicht zu Hause. Ich darf keinen Fremden hereinlassen. Das kommt nicht in Frage!«

Den letzten Satz hatte sie auf deutsch herausgepreßt. Sie erschrak. Als hätte sie sich verraten und müßte sich nun für ihre Lügen verantworten. Ich war dem Zimmer so nahe, in dem das Sofa gestanden hatte, auf dem Großvater immer saß, mich auf seinen Knien wippte und von dem Pferd sang, das über Stock und Stein springt, ohne sich die Beine zu brechen! Nur diese Frau in ihrem dunklen Kleid, die Haare geflochten und hochgesteckt, trennte zwischen mir und meinen Großeltern. Ich blickte sie feindselig an. Sie wirkte auf mich wie eine Angst und Schrecken verbreitende Lehrerin, die den Schülern mit einem Lineal auf die Finger schlägt und die roten Wangen der schönen Mädchen zwickt. Ich wollte sie schon fast zur Seite stoßen und mir gewaltsam Zutritt verschaffen, aber ihre Beharrlichkeit erschütterte mein Selbstvertrauen, zwang mich, mich selbst zu erniedrigen.

»Vielleicht trotz allem nur einen Blick?«

»Das ist verboten«, sagte sie auf deutsch und schlug die Tür zu.

Ich stand erneut vor den verschlossenen Türen und sah Großvater Siegmund, wie er im Ghetto Rzeszów von der Arbeit im Büro des Judenrates zurückkam.

»Ich habe dir etwas Gutes mitgebracht, Tommy«, flüsterte er und ließ seine dürren, steifgefrorenen Finger über meine Wange gleiten.

»Hast du mir ... ein Stück Brot mitgebracht?«

»Etwas Besseres als Brot.«

»Einen Würfel Zucker?«

»Etwas noch Süßeres.«

»So etwas gibt es nicht.«

»Es ist eine gute Nachricht. Eine wunderbare Nachricht! Du bist der erste, dem ich sie erzähle.«

»Eine Nachricht?«

»Der Judenrat hat von der Gestapo eine Mitteilung bekommen, daß die Zertifikate, die Walter aus Palästina geschickt hat, bei ihnen angekommen sind. Du und Hilde, ihr seid gerettet!«

»Schade, daß du kein Stück Brot mitgebracht hast.«

»Du bist noch ein Kind!« lachte Großvater.

Ich fragte damals nicht: Und was passiert mit dir, Großvater? Und mit Großmutter Bluma und mit Ruthi, meiner Cousine? Bis heute habe ich mir nicht verziehen, daß es damals nur mein Magen war, der sprach.

Während ich noch dabei war, mich mühsam in den zweiten Stock zu schleppen, holte meine Frau mich ein.

»Was ist passiert, Tommy? Ich warte schon zehn Minuten vor dem Schaufenster und wäre fast zur Polizei gegangen. Du siehst fürchterlich aus. Tut dir etwas weh? Bist du in eure Wohnung gekommen?«

»Nein.«

»Dann laß uns gehen. Ich habe jede Menge leckerer Sachen gekauft.«

»Ich will erst noch versuchen, in die Wohnung oben zu kommen. Ich habe von dort Kinderstimmen gehört.«

»Ich komme mit.«

Die Fünfzimmerwohnung über der unseren (auch sie inzwischen in zwei Wohnungen aufgeteilt) wurde damals von dem leitenden Ingenieur einer Brauerei bewohnt, deren Bier in ganz Mitteleuropa berühmt war. Er war ein penibler aber freundlicher Deutscher mittleren Alters und lebte in der großzügig geschnittenen Wohnung mit seiner

Frau, die um einiges jünger war als er. Das Paar hatte keine Kinder, und die Frau, deren Name Gisela war, bat Großvater um Erlaubnis, mich von Zeit zu Zeit zusammen mit meinem Kindermädchen in ihrer Wohnung zu Gast zu haben. Großvater war von diesem Einfall nicht gerade begeistert, aber nachdem Frau Gisela versichert hatte, mir keine Süßigkeiten zu geben (ein Versprechen, das sie nicht hielt: Ich futterte Schokolade in Mengen und spülte mir hinterher den Mund aus, damit Großvater nichts roch), willigte er schließlich doch ein, zumal er ganz versessen darauf war, daß ich gutes Deutsch lernte. Frau Gisela las mir die Märchen der Gebrüder Grimm und die Geschichte von Max und Moritz vor, spielte Puppentheater mit mir, das sie extra für mich gekauft hatte, und flüsterte mir ins Ohr, ich sei ihr süßer Junge. Einmal rollte ich mein Holzpferd in das Arbeitszimmer des Ingenieurs.

»Wolfgangs Büro darfst du nicht betreten! Das ist verboten! Nu, nu!«

Ich war nicht gewohnt, daß die gute Tante mich schalt, fühlte mich beleidigt und brach in Tränen aus. Frau Gisela versuchte, mich wieder zu versöhnen, aber ich schluchzte weiter und floh nach Hause. Großvater hatte mein Weinen gehört und wartete an der Tür auf mich.

»Was ist oben passiert? Hat dich jemand angerührt?«

Ich erzählte Großvater, die Tante sei böse auf mich gewesen, weil ich das Büro des Herrn Ingenieur betreten habe.

»Und was hast du da gesehen?«

Mit meinen drei Jahren hatte ich Mühe, detailliert die Gerätschaften, Kabel und Antennen zu beschreiben, die ich einen Moment lang gesehen hatte. Großvater lauschte gespannt meinem konfusen Bericht und begriff sogleich, worum es ging. Spät am Abend rief er nach Großmutter und Mutter (Vater war damals bereits in Palästina) und offenbarte ihnen, daß er schon seit einigen Monaten aus dem zweiten Stock ein sonderbares Pfeifen und seltsame Geräusche vernommen habe. Nun sei ihm klar, daß sich in der Wohnung des Brauingenieurs eine Funkanlage befinde und daß unser Nachbar für die deutsche Armee spioniere. Mutter behauptete, sie müßten sich unverzüglich an die Polizei wenden. Großvater wies ihre Forderung zurück und erklärte, die Deutschen hätten ihre Leute in Schlüsselpositionen der polnischen Verwaltung sitzen, weshalb eine Denunziation uns schaden könnte.

»Es ist besser, wir verhalten uns ruhig. Wir sprechen deutsch, Walter hat das deutsche Gymnasium besucht und ich habe in der österreichischen Armee gedient und sogar einen Orden bekommen! Ich hoffe, sie werden uns genau so behandeln wie die übrige deutschsprachige Bevölkerung und uns unbehelligt lassen, trotz unserer jüdischen Abkunft.«

»Du hoffst noch immer?!« Großmutter war fassungslos.

»Das Leben hier in T. wird zunehmend unerträglicher. Ein Teil der Kunden kommt schon nicht mehr zu uns ins Geschäft. Gestern erst hat mich wieder so ein deutscher Flegel beleidigt.«

»Tatsächlich? Das tut mir leid. Ich weiß, daß die Lage sich von Tag zu Tag verschlimmert. Ich gebe mich keinen Illusionen hin. Und ich habe auch schon einen Plan. Vertrau deinem Siegmund! Ich warte nur noch auf ein Zeichen aus Palästina.«

Als die Hetzkampagnen gegen die Juden Überhand nahmen, stahl sich Frau Gisela in den Hutladen und winkte Mutter zu sich in den hinteren Teil des Geschäftes, der von der Straße aus nicht einzusehen war.

»Teure Frau Hilde, ich bin zu Ihnen gekommen, obwohl Wolfgang mir untersagt hat, euer Geschäft zu betreten, und mich gewarnt hat, euch auf der Straße weiterhin anzusprechen. Ich habe mich mit ihm gestritten, wir haben uns angeschrien. Vielleicht habt ihr es ja gehört. Er hat sogar Andeutungen gemacht, ich sei keine hundertprozentige Arierin und daß die Großmutter meiner Großmutter Jüdin gewesen sei! Ich, die ich aus einer der ersten Adelsfamilien Heidelbergs stamme! Und das alles nur, weil ich mich um euer Schicksal sorge. Mein Bruder, der ein hoher SS-Offizier ist, hat mir geschrieben, wir sähen uns schon bald wieder. Das heißt, daß in Kürze die deutsche Wehrmacht in T. einmarschieren wird. Und Wolfgang spricht ganz offen über seinen Lohn, den er für die guten Dienste an Reich und Führer erhalten wird. Er schimpft auf die Juden, wenn er meint, daß ich es nicht höre. Ich erlaube nicht, daß in meiner Gegenwart so gesprochen wird. Hilde ... darf ich Sie duzen?«

»Selbstverständlich, Frau Gisela.«

»Sag einfach Gisela zu mir, in Ordnung? Erzähl deinem Schwiegervater von unserem Gespräch, er ist ein kluger Mann. Und im Namen Gottes, verschwindet aus T., bevor es zu spät ist. Jetzt muß ich laufen, weil Wolfgang bald von der Sitzung des Ausschusses zur Pflege des deutschen Kulturguts zurückkommt.«

Mutter überbrachte Großvater die Warnung und dieser bat sie, Stillschweigen zu bewahren und niemandem davon zu erzählen.

»Ich verstehe nicht, warum Walter nicht schreibt. Offenbar hat er Schwierigkeiten, Zertifikate für die ganze Familie zu bekommen. In Palästina werden junge Menschen benötigt, die auf den Feldern und in den Fabriken arbeiten. Und nicht zwei kranke Alte, die schon mit einem Fuß im Grab stehen.«

»Du bist noch keine fünfzig, Siegmund. Und du hast Besitz

und reiche Lebenserfahrung!« versuchte Mutter ihn zu ermutigen.

»Vielleicht erzählst du das besser den englischen Immigrationsbeamten und den Herren der Jewish Agency in Jerusalem!«

Im weiteren Verlauf des Gesprächs offenbarte Großvater Mutter, daß er die Absicht habe, mit der Familie in einen polnischen Kurort zu fahren.

»Wir mieten ein paar Zimmer im Haus einer Bäuerin und bleiben, bis sich die Dinge wieder beruhigt haben. Bis dort werden die Deutschen ja wohl nicht kommen!« lachte er traurig.

Etwa einen Monat vor dem Einmarsch der Deutschen in Polen spazierten wir, Mutter und ich, die Straße hinunter zur Brücke. Ich sah gern auf die Fluten des Flusses und die Gendarmen in ihrem Häuschen, die für mich wie Zinnsoldaten aussahen. Auf Höhe der Konditorei gingen der deutsche Ingenieur und seine Frau Arm in Arm vor uns her. Als Frau Gisela uns bemerkte, machte sie sich von ihrem Mann los und kam auf uns zu.

»Gisela!« rief der Ingenieur erbost.

»Geh schon in die Konditorei und kaufe Strudel und Kokosplätzchen. Ich bin sofort bei dir.«

»Du machst mir Schande!«

»Es dauert nur einen Moment, Liebster. Ich will lediglich Tommy guten Tag sagen.«

»Ich werde drei Minuten auf dich warten. Wenn du dann nicht da bist ...«

»... wirst du mich bei Heydrich anzeigen! Nur vergiß nicht, daß er ein guter Freund meines Bruders ist.«

Der Ingenieur schlug erzürnt die Hacken zusammen und betrat die Konditorei.

Frau Gisela näherte sich Mutter und flüsterte: »Ich verstehe nicht, was mit meinem Mann los ist. Er ist sonst ein so freundlicher Mensch. Rücksichtsvoll. Aber der Haß auf die Juden hat ihn wie eine bösartige Krankheit befallen. Sag mir Hilde, was soll ich tun? Nein. Sag lieber nichts. Ich werde schon mit Wolfgang fertig werden. Was schreibt Walter aus Palästina?«

»Wir haben noch immer keinen Brief bekommen«, stammelte Mutter.

»Vielleicht ist die Post unterbrochen. Hilde, warum seid ihr noch hier?! Der Krieg wird in wenigen Tagen ausbrechen. Es ist alles vorbereitet. Unsere Panzer werden die polnische Kavallerie niederwalzen. Und die Tschechen werden auch dieses Mal nicht kämpfen. Frag mich nicht, woher ich diese militärischen Geheimnisse weiß. Mein Mann sieht herüber. Er kocht förmlich.«

Frau Gisela bückte sich plötzlich und band mein Schnürband zu.

»Mein armer Tommy«, murmelte sie, richtete sich wieder auf und drückte Mutters Hand. »Wolfgang wird mir zu Hause einen Skandal bereiten. Aber das interessiert mich nicht! Wenn du irgend etwas brauchst, komm zu mir, wenn er bei der Arbeit ist. Hab keine Scheu!«

»Danke, Frau Gisela.«

»Für dich bin ich Gisela. Und werde es immer sein.«

Kaum hatte ich geklopft, da öffnete sich die Tür, und eine schlanke, sonnengebräunte junge Frau stand vor uns. Ihr braunes, zu einem Zopf streng zurückgekämmtes Haar, das Trikothemdchen und die sehr kurzen Shorts ließen sie wie ein junges Mädchen aussehen, auch wenn die winzigen Fältchen in den Mundwinkeln von Reife und Entschlossenheit kündeten – und vielleicht von noch etwas anderem, das sich meinem begehrlichen Blick jedoch entzog. Sie war ein wenig erstaunt, uns zu sehen, begegnete uns aber freundlich und fragte, welche Familie wir denn suchten? Der fehlgeschlagene Versuch mit der Nachbarin von unten ließ mich sagen, ich suche Familie Palivec. Die Frau kannte keine Familie Palivec. Ich fragte, ob sie deutsch spreche, oder englisch. Sie antwortete, in gutem Englisch, sie habe auf der Schule Russisch und ein wenig Englisch gelernt.

»Jan und ich haben Englisch bei einem Privatlehrer gelernt und aus den Sendungen des dritten Kanals von Radio Prag. Ich meine die der *Voice of America*«, fügte sie erklärend hinzu.

Zwei sommersprossige Mädchen, die wie Zwillinge von etwa vier Jahren aussahen, kamen herbeigestürmt, zupften ihre Mutter an den Shorts und fragten im Chor, wie der Onkel und die Tante heißen? Ich nannte ihnen unsere Namen, worauf die beiden in glucksendes Gelächter ausbrachen. Die junge Frau beruhigte ihre Töchter, stellte sich selbst als Anna vor und schlug dann vor, wir sollten doch eintreten und ein Glas Tee bei ihr trinken, da sie sah, daß wir erschöpft und mit Einkaufstaschen bepackt waren.

»Jan kommt bald aus der Werkstatt und vielleicht kennt er ja eine Familie Palivec.«

»Jetzt sitzen wir in der Klemme«, flüsterte meine Frau.

»Aber wir sind zumindest drin!«

Anna führte uns in eine großzügig geschnittene Küche, die früher einmal ein reguläres Zimmer gewesen war und in der nun ein Tisch und Stühle standen. Dann setzte sie einen Wasserkessel auf den Gasherd und entzündete die Flamme. Ich schaute mich um, warf verstohlen einen Blick durch die offene Tür in das Wohnzimmer.

»Sie haben eine schöne Wohnung«, sagte ich.

»Wir hatten Glück und ein paar Kontakte, daß wir sie zugeteilt bekommen haben. Unter den Kommunisten hatten wir eine sehr niedrige Miete, wirklich nur wenige Kronen. Jetzt, wo der Preis für Strom, Wasser und die öffentlichen Verkehrsmittel gestiegen ist, heißt es, die Miete werde sich verdoppeln. Ich fürchte, dann können wir uns eine so große Wohnung nicht mehr leisten, obwohl Jan Überstunden macht und ich eine halbe Stelle als Sportlehrerin habe.«

Meine Frau zog eine Stange Marzipan aus einer der Einkaufstüten und bat um Erlaubnis, den Zwillingen davon geben zu dürfen.

»Die beiden erinnern mich an unsere eigenen Enkelkinder«, sagte sie.

»Sie sind schon Großmutter?! In Ordnung, geben Sie den kleinen Schreihälsen ruhig ein Stückchen. Und ihr, vergeßt nicht, Danke zu sagen. Haben Sie das Marzipan bei Pavel gekauft?«

»Ja. Bitte, bedienen Sie sich auch.«

»Danke. Ich gieße nur schnell den Tee auf.«

»Dürfte ich einen Blick in Ihr Wohnzimmer werfen?«

»Nur wenn Sie die Unordnung nicht stört! Ich erlaube den Mädchen, dort zu spielen, bis Jan nach Hause kommt und den Fernseher einschaltet.«

Die beiden Zwillinge saßen jetzt bei meiner Frau auf den Knien, plapperten in einem Schwall von Tschechisch auf sie ein, wozu Mimi nickte, als verstünde sie jedes Wort, und ihnen zulächelte.

Der Parkettboden war unbeschädigt und glänzte. Die hohen Fenster, die zur Straße gingen, waren mit leichten, zartgelben Vorhängen verhängt, die sich nun im angenehmen Abendwind bauschten. An der Wand stand ein Sofa, das mit braunem Stoff bezogen war, und daneben zwei kleine Sessel. Auf dem Bücherbord dicht beim Fernseher drängten sich Romane von Karel Čapek, Milan Kundera, Bohumil Hrabal, Josef Škvorecký und die *Briefe an Olga* von Václav Havel, ein tschechisch-englisches Wörterbuch, Science-fiction- und Kriminalromane auf englisch, Fotoalben und Bilder von den Zwillingen. Ein riesiges Poster von Guernica hing neben der Tür, die zum Schlafzimmer führte, das sich genau über dem einstigen Schlafzimmer meiner Eltern befand. Ich hätte es gerne betreten, hatte aber Angst, unerlaubt in Annas Schlafzimmer einzudringen.

Ich kehrte in die Küche zurück, wo meine Frau dabei war, den Mädchen ein israelisches Lied vorzusingen und Anna von Jerusalem zu erzählen. Ich trank den starken Tee und sann darüber nach, daß ich genau über meinem Kinderzimmer saß. Nur der Fußboden, der mit einer gräulichen Schicht Linoleum bedeckt war, trennte zwischen mir und dem Ort, an dem mein Kinderbett mit dem Clown gestanden hatte, der Arme und Beine in die Höhe warf und lachte. Ein Klopfen an der Tür weckte mich aus meinen Wachträumen.

»Was ist denn, Jan, hast du den Schlüssel vergessen?« rief Anna und eilte, um aufzumachen.

In der Tür stand die Nachbarin, die die Wohnung der Großeltern bewohnte. Sie zeigte auf mich, als sei ich Judas Iskariot, und flüsterte unserer Gastgeberin etwas zu, ein Flüstern, das schon bald zu einem Hagel erboster, steinigender Worte wurde. Meine Frau hob die Zwillinge von ihren Knien und stand mit einer resoluten Bewegung auf. Die beiden Mädchen blickten sie erstaunt an, konnten die Veränderung nicht begreifen, die eingetreten war.

»Ich habe nicht vor, Reißaus zu nehmen.«

»Ich nehme nicht Reißaus. Ich wollte dir nur nahe sein.« Anna fragte die Nachbarin etwas. Diese antwortete ihr ungehalten und richtete einen drohenden Finger gegen sie. Ich verstand nicht genau, was die beiden zueinander sagten, aber es war klar, daß sie geteilter Meinung waren. Am

Ende brüllte die Nachbarin etwas, das sich wie »Das werden Sie noch bereuen!« anhörte, bekam einen Hustenanfall, der ihren untersetzten Körper schüttelte, verließ die Wohnung und schlug die Tür hinter sich zu.

»Bleiben Sie bitte sitzen. Sie sind meine Gäste, niemand wird Sie vertreiben.«

Meine Frau nahm wieder Platz, die Mutter hob ihre Töchter hoch und setzte sie sich auf die Knie.

»Wie ich höre, sind Sie in der Wohnung unten geboren?«

»Ich gestehe«, versuchte ich zu lächeln, was mir nicht gelang.

»Wie ist es, als Gast hier zu Besuch zu sein?«

»Sonderbar und wenig erfreulich, besonders wenn man Ihrer Nachbarin begegnet.«

»Die war früher eine überzeugte Kommunistin. Alle hatten Angst vor ihr. Sie kam immer in die Wohnung, um sich angeblich ein Ei zu leihen, in Wirklichkeit aber, um zu spionieren, wer bei uns zu Besuch war, was für Bücher wir lasen und welchen Radiosender wir hörten. Jetzt versucht sie, sich ständig einzuschmeicheln, und bietet an, auf die Kinder aufzupassen. Sie denkt wohl, ich würde vergessen, was früher war! Sie werden uns doch nicht aus der Wohnung werfen?«

»Wie kommen Sie denn auf so etwas?!«

»Vier Jahre sind wir von Raum zu Raum gewandert und von Büro zu Büro gelaufen, bis wir diese Wohnung bekommen haben.«

»Ich wollte nur das Haus wiedersehen.«

»Die Mieter unter uns sind in den Urlaub gefahren. So werden Sie deren Wohnung nicht sehen können.«

»Schade«, seufzte ich.

»Es tut mir leid. Sie sind bestimmt enttäuscht. Vielleicht wollen Sie mit uns zu Abend essen?«

»Das ist sehr nett von Ihnen, aber ...«

»Kein aber! Ich werde ein Omelett mit Pilzen machen und im Kühlschrank sind auch noch Knedlíky, von gestern. Sie müssen Jan kennenlernen, er ist ein interessanter Bursche. Einmal haben sie ihn verhaftet, weil er Witze gemacht und gesagt hat, Breschenew schlurfe daher wie ein Bär, der an der Parkinsonschen Krankheit leide. Jans Glück war, daß einige der Funktionäre ihre Autos in der Werkstatt reparieren ließen, in der er arbeitete. Die schalteten sich ein und bescheinigten, Jan sei betrunken gewesen und sei ansonsten ein ausgezeichneter Arbeiter und treuer Anhänger der Partei. Außerdem wisse ja jeder, daß Breschnew wie Emil Zatopek laufe. Und außerdem – ich würde auch zu gern noch etwas über Israel erfahren. Sie sind ja ständig in den Nachrichten!«

Ich wollte die Einladung annehmen und den Abend in unserem Haus verbringen, in Gesellschaft dieser jungen Familie. Und es verlangte mich, Annas Knedlíky zu probieren (womöglich mit süßsaurer Dillsoße?), aber ich spürte, es war Zeit zu gehen. Fühlte, daß ich schon genug gesehen hatte. Und daß, wenn ich noch weiter in dieser warmen Küche sitzen bliebe, ohne dabei den Blick von der attraktive Frau zu lassen, etwas geschähe, das diese angenehmen Augenblicke zunichte machen würde.

Ich dankte für die Bewirtung, drückte Anna die Hand und nahm unsere Tüten. Meine Frau strich den Mädchen über die Locken und ließ ihnen den Rest des Marzipans da.

Als ich schon im Begriff war, die Wohnung zu verlassen, feuerte Anna noch einen schalkhaften Pfeil auf mich ab: »Als Sie vorhin sagten, Sie suchten eine Familie Palivec, kam mir der Name doch irgendwie bekannt vor. Sagen Sie, Palivec, ist das nicht der gewitzte Gastwirt aus *den Abenteuern des braven Soldaten Schwejk*?«

»Ich gestehe erneut.«

»Dann werde ich es bei einer Haftstrafe auf Bewährung belassen. Nur spielen Sie kein falsches Spiel in Bezug auf die Wohnung mit uns.«

»Das verspreche ich!«

»Zu solchen Leuten gehören wir nicht«, bekräftigte meine Frau.

Als ich an unserer Wohnung vorüberkam, blieb ich für einen Moment stehen und stieg dann weiter die Treppe hinab.

Auf der Straße atmeten wir erleichtert auf und hakten uns unter. Unsere beiden Läden waren jetzt geschlossen und ihre Schaufenster durch kaltes, unpassendes Neonlicht beleuchtet.

»Es fängt an, dunkel zu werden. Komm, laß uns ins Hotel zurückkehren.«

»Vielleicht gehen wir noch ein wenig an der Olsa spazieren? Und besuchen dann Frau Stiasne?«

»Ich bin müde. Und du hast auch ein bißchen Ruhe nötig. Ich habe deiner Mutter versprochen ...«

Wir gingen einige Zeit schweigend, jeder seinen eigenen Gedanken nachhängend.

»Wie ich festgestellt habe, konntest du deine Augen nicht von der Sportlehrerin lassen.«

»Ich weiß gar nicht, wovon du sprichst!«

Meine Frau blieb stehen und hielt mir eine Flasche Slibowitz hin. Ich öffnete sie und nahm einen ordentlichen Schluck.

»Gib mir auch einen Schluck.«

»Seit wann trinkst du?!«

»Seit jetzt. Igitt! Das brennt wie Feuerwasser. Wie kannst du nur diese Medizin trinken und das auch noch gerne?«

»Ich bin Tscheche. Schon vergessen? Als ich gerade mal ein

Jahr alt war, nahm mich mein Onkel in eine Schenke mit und bestellte für mich Würstchen, Sauerkraut und ein Glas Bier. In der Familie erzählen sie sich, ich hätte das Bier ausgetrunken, mir die Lippen geleckt, aufgestoßen und gesagt: Noch eins!«

»Mir ist Orangensaft lieber.«

»Ich werde dir frisch gepreßten machen, sobald wir wieder in Jerusalem sind.«

»Ich wäre schon jetzt gerne dort.«

Nach diesem kurzen Halt marschierten wir wie bei einer militärischen Übung weiter, beachteten weder die Häuser, die wenigen Autos, die unterwegs waren, noch die Menschen, die ihre Hunde zu einer abendlichen Runde ausführten. Vor dem Hoteleingang hielten wir an, bis unser Atem wieder gleichmäßig ging, schlüpften dann durch den Seiteneingang in das stockfinstere Restaurant und tasteten uns zum Flur durch, der zu dem defekten Aufzug führte. Der kahle Portier empfing uns mit einem »Guten Abend«, das unterkühlt klang. Wir nahmen die Treppe zu unserem Zimmer, ließen die Badewanne mit warmem Wasser vollaufen und tauchten hinein wie in eine Mikwe. Danach setzten wir uns auf die Betten, tranken lauwarme Cola und verspeisten gierig Brötchen mit Butter, ein Stück dänischen Käse und saure Gurken. Zum Nachtisch genehmigten wir uns einen Apfel und weiße Schweizer Schokolade. Durch das offene Fenster drang das Knattern der Autos, die einige Meter vorfuhren und dann mit kreischenden Bremsen zum Stehen kamen, die aufgebrachten Stimmen der Fahrer, die sich über die endlose Warterei beschwerten, und die heisere, erschöpfte Stimme des einsamen Polizisten, der seinen Dienst noch immer nicht beendet hatte.

Nach der Mahlzeit gingen wir nach unten in die Empfangshalle. Der Portier, der sich ein Fußballspiel ansah, das im

Fernsehen übertragen wurde, kam aus seinem Sessel hoch, bereit uns zu Diensten zu sein.

»Kann ich von hier direkt nach Israel telefonieren?«

»Die Direktwahl ins Ausland funktioniert nur in eine Richtung. Schreiben Sie mir bitte die gewünschte Nummer und die Vorwahl auf, und ich bestelle Ihnen über die Zentrale in A. eine Leitung.«

»Wie lange wird das dauern?«

»Das hängt von dem Mädchen in der Zentrale ab. Schade, daß man ihr keinen Dollar durch die Leitung zustecken kann.«

Ich verkniff mir ein Lachen, weil ich mit meinen gereizten Sinnen darin den unschönen Unterton eines antisemitischen Witzes witterte.

Eine halbe Stunde später hörte in der Muschel des Telefonhörers Mutters aufgeregte Stimme.

»Tommy! Von wo rufst du an?«

»Ich rufe aus T. an.«

»Gott sei Dank! Wie geht es euch? Wie war die Fahrt?«

»Alles in Ordnung.«

»Du klingst nicht gerade fröhlich. Ist etwas passiert?«

»Nein, gar nichts! Wir haben das Haus gesehen.«

»Wart ihr auch drin?«

»Wir waren in der Wohnung von dem Ingenieur und Frau Gisela.«

»Der Nazi ... sind sie noch immer dort?«

»Nein. In der Wohnung wohnen jetzt andere Leute.«

»Und wo übernachtet ihr?«

»Im Hotel Krantz.«

»In unserem alten Hotel! Ist es dort noch so sauber, wie zu unserer Zeit?«

»Hast du dich damals dort mit Vater vergnügt?«

»Werd nicht frech zu deiner Mutter!«

»Nein, Mutter.«

»Ich habe mir schon Sorgen um euch gemacht. Paßt gut auf euch auf. Ich habe geträumt, daß man euch auf der Straße verfolgt, bis zur Brücke. Daß man euch schlagen will. Macht keine Dummheiten und bleibt nicht länger als unbedingt nötig in T.. Du magst es nicht, wenn ich dir gute Ratschläge gebe, aber ...«

»Du tust es trotzdem.«

»Ich werde meinen Mund erst halten, wenn ich im Grab liege.«

»M-u-t-t-e-r! Und ihr, wie geht es euch? Was ist mit den Kindern und den Enkeln? Was gibt es Neues, was tut sich so im Land?«

»Alles in Ordnung«, antwortete sie mit dieser vagen Beiläufigkeit, die mir so verhaßt ist. »Gib deiner Frau einen Kuß. Frauen lieben Aufmerksamkeit. Dein Vater ist ein wunderbarer Ehemann. Er geizt nur mit Komplimenten. Als ob ihn jedes gute Wort Geld kosten würde. ›Sag, daß die Suppe lecker ist‹, bitte ich ihn. ›Die Suppe ist lecker wie immer‹, murmelt er dann. ›Dann sag, daß sie dir gut schmeckt!‹ flehe ich. Habe ich dir das schon erzählt?«

»Ja, Mutter.«

»Sei höflich und sag: Nein, Mutter.«

»Nein, Mutter.«

»So ist es besser. Erzähl deiner Frau, daß ich einen Pullover für sie stricke.«

Vater fragte, ob wir Frau Stiasne schon besucht hätten, und wollte Einzelheiten über den Zustand des Hauses und der beiden Läden hören, wer die Mieter seien und wieviel Miete sie zahlten. Da er aber den Verdacht hegte, wir könnten abgehört werden, begnügte er sich mit einigen allgemeinen Angaben und dem Versprechen, ich würde ihm alles erzählen, sobald wir uns in Israel wiedersähen.

Ich zahlte an der Rezeption für das Telefonat und ließ mich dann nieder, um mir das spannende Spiel zwischen Rom und Mailand anzuschauen. Meine Frau erhob sich aus ihrem Sessel und meinte, sie ginge auf unser Zimmer, um zu lesen.

Als sie verschwunden war, stellte der glatzköpfige Portier den Fernseher leiser, drehte seinen Sessel in meine Richtung und beugte sich zu mir vor.

»Fast hätte ich es vergessen. Frau Stiasne hat angerufen, um zu erfahren, ob Sie angekommen seien.«

»Wir werden sie morgen besuchen.«

»Gut! Ich ... muß Sie noch etwas fragen«, wand sich mein Gegenüber.

»Dann fragen Sie nur!«

»Ich habe gehört, Sie sind in T. geboren.«

»So steht es in dem Anmeldeformular, das ich ausgefüllt habe.«

»Richtig. Anfangs habe ich gar nicht darauf geachtet.«

»Und wer hat es Ihnen gesagt?«

»T. ist eine kleine Stadt. Kaum waren Sie in dem Laden gewesen, begannen die Leute, anzurufen und Fragen zu stellen.«

»Welche Leute?«

»Sie verhören mich ja wie ...«

»Entschuldigen Sie.«

»Man ist sich nicht klar, welche Absichten Sie haben.«

»Ich habe überhaupt keine Absichten.«

»Ein Bär, der seine Höhle verteidigt, ist gefährlich.«

»Was wollen Sie damit andeuten?«

»Es ist besser, wenn Sie sich nicht mit denen anlegen. Vielleicht verkürzen Sie einfach ihren Aufenthalt und kehren nach Prag zurück?«

»Wir fahren nach Wien.«

»Am Mittag, das heißt um 11.28 Uhr gibt es einen Schnell-
zug nach S.. Und von dort haben Sie direkten Anschluß
nach Wien.«

»Ich habe das Zimmer für drei Nächte bezahlt. Außerdem
beabsichtige ich, noch nach Polen zu fahren und einen
Abstecher nach B. zu machen.«

»Warum ausgerechnet nach B.?«

»Haben Sie etwas gegen B.?«

»Nein!«

Der Mann wurde rot und sein Kehlkopf begann zu zap-
peln. Er führte seine Hand zum Hals und versuchte, den
Adamsapfel zu beruhigen, der drohte herauszuspringen.
Dann kam er dicht an mich heran, bis seine zitternden
Lippen fast mein Ohr berührten.

»Ich bin in B. aufgewachsen«, kam es langsam auf jiddisch.
Stille breitete sich aus. Wie einst, als Josef sich seinen
Brüder zu erkennen gegeben hatte.

»Dann sind Sie ...«

»Ich beschwöre Sie, es keinem Menschen zu verraten.«

»Ich schwöre es Ihnen.«

»Wen suchen Sie denn in B.?«

»Das Grab meines Großvaters, Selig Biegeleisen.«

»Reb Biegeleisen? Einen Moment, der Name ist mir bekannt. Wann genau ist er gestorben?«

»Ein Jahr vor Ausbruch des Zweiten Weltkriegs.«

»Hatte er etwa ... den Obst- und Gemüseladen in der
Bahnhofsstraße?«

»Ja, das ist er!«

»Er war ein breitschultriger Jude mit langem Bart.«

»Sein Vater war Schlachter. So jedenfalls hat meine Mutter
es mir erzählt.«

»Einmal stand ich und schaute in das Schaufenster seines
Ladens. Dort türmte sich ein ganzer Berg von Apfelsinen.

Jaffa-Orangen hießen sie damals. Mir lief das Wasser im Mund zusammen. Wie ich mich danach sehnte, einmal eine solche Orange zu essen. Ich hätte meinen Platz im Garten Eden für einen einzigen Biß gegeben. Wir waren eine arme Familie. Vater starb bei einer Epidemie, als ich sieben war. Wenn Mutter einen Laib Brot aus der Bäckerei und Kartoffeln mit nach Hause brachte, war es ein Festtag bei uns. Und dann kam Reb Biegeleisen aus seinem Laden. Ich dachte, er würde mich verscheuchen, wie man einen Hund verscheucht. Er aber machte mir mit dem Finger ein Zeichen: Komm her, Junge! – und hielt mir eine Orangenspalte hin. ›Probier das, Jingele, das ist der Geschmack von Erez Israel‹, sagte er.«

»Mutter wird sich freuen, daß Sie sich noch an Großvater Selig erinnern.«

»Lebt sie noch?«

»Ja. Mutter war so eine Kleine, mit zwei langen Zöpfen.«

»Ich erinnere mich nur an Reb Biegeleisen. Ich dachte, er würde sagen: Verschwinde, Bürschchen! Aber statt dessen gab er mir ein Stück Erez Israel.«

»Wo bekommt man ein Taxi, um nach B. zu fahren?«

»Es wäre besser, Sie führen nicht dorthin. Die Polaken ..., nun ja, mögen keine Juden!«

»Waren Sie kürzlich in B. zu Besuch?«

»Zu Vaters fünfzigstem Todestag war ich in B.. Ich hab mir einen Schnurrbart angeklebt, damit mich keiner erkennt, und bin hingefahren, um auf seinem Grab niederzufallen und das ›Sh'ma Jisrael*‹ zu sagen. Den Kaddisch kann ich schon nicht mehr und ein Gebetbuch habe ich auch nicht. Und selbst wenn ich eines hätte, könnte ich die hebräischen Buchstaben nicht mehr lesen. Manchmal, wenn meine Frau sich bekreuzigt und zu Jesus betet, flüstere ich: Herr der Welt, Sh'ma Jisrael! Und ich meine, er hört mich.«

»Weiß sie es?«

»Selbstverständlich. Sie ist eine gute Frau. Ihre Eltern haben mich damals versteckt.«

»Wie sieht der Friedhof in B. jetzt aus? Mein Onkel, der auf seinem Weg von Rußland nach Erez Israel durch B. mußte, hat damals einen Grabstein auf das Grab von Großvater Selig gesetzt.«

»Wie es jetzt dort aussieht? Wehe den Augen, die es gesehen haben! Die Polaken haben die Grabsteine gestohlen, das ganze umgepflügt und eine Arbeitersiedlung auf die Gräber gesetzt.«

»Dann gibt es für mich keinen Grund mehr, dorthin zu fahren?«

»Gibt es nicht mehr«, sagte er auf jiddisch und schloß mit einem typisch jüdischen Seufzen.

»Warum fürchten Sie sich, man könnte herausfinden, daß Sie Jude sind?«

»Sie stellen Fragen wie ein dummer Junge! Als ich die Erlaubnis beantragte, in T. wohnen zu dürfen, haben sie mich ausgehorcht, woher ich komme, und wer mein Vater und meine Mutter waren. Man bekommt einen Ausweis und Arbeit in einem Hotel nur, wenn die persönliche Akte sauber ist. Ich habe erzählt, ich sei Pole, und sie haben mir geglaubt, aber als ich mir dann die Erlaubnis abholen wollte, hat mich der Beamte in einen Nebenraum geführt und mir ins Gesicht gesagt, ich sei ein Lügner und Schwindler. Vielleicht ist ja meiner Frau, die nur die Volksschule besucht hat, unabsichtlich etwas herausgerutscht. Der Beamte sagte, ihn störe es nicht, daß ich Jude sei, denn Antisemiten seien sie ja weiß Gott nicht. Aber daß sie von mir erwarteten, mich Freunden, die Bescheid wüßten und schwiegen, auch künftig dankbar zu erweisen. ›Das bleibt unter uns. Und du wirst ein guter Junge sein, die Augen offen halten und uns regelmäßig über die Gäste und den Direktor unterrichten, damit der nicht zuviel stiehlt. Du wirst dich einfach wie eine Made in den Kohl fressen.‹«

»Vielleicht ist es an der Zeit, den Kopf aus dem Kohl zu ziehen?«

»Ich kann nicht. Denken Sie doch nur, was meine Freunde sagen würden, wenn sie erführen, daß ich ... Ich darf das den Kindern nicht antun, die damit nichts zu tun haben.«

»Welchen Verbrechens haben Sie sich denn schuldig gemacht?«

Der Portier stöhnte und sprach dann hastig weiter, wobei er meinen Ärmel gepackt hielt.

»Ich bitte, ich flehe Sie an, mich nicht in Ihre Angelegenheit zu verwickeln. Meine ganze Familie ist im Holocaust ermordet worden, bis auf einen Cousin, der gerettet wurde und jetzt in Israel lebt. Ich habe eine neue Familie gegründet, habe Kinder und Enkelkinder. Lassen Sie mich in Frieden. Versprechen Sie es. Schwören Sie!«

»Beruhigen Sie sich! Ich werde Sie nicht denunzieren. Kennen Sie das Ehepaar Stiasne?«

»Ja. Die Familie hat unter den Kommunisten viel zu leiden gehabt.«

»Was haben sie denn getan?«

»Fragen Sie sie selbst.«

»Sind Sie miteinander befreundet?«

»Ich habe keinerlei Kontakt zu ihnen.«

Ich berichtete meiner Frau von der Unterhaltung mit dem jüdischen Portier.

»Er hat mich gedrängt, aus T. zu verschwinden.«

»Ich bin bereit, sofort zu packen und den ersten Zug zu nehmen!«

»Ich habe Vater versprochen, Frau Stiasne zu sehen. Der Portier hat angedeutet, daß sie Probleme haben.«

»Ich hoffe, die Dame ist nicht ebenso hübsch wie Anna!«
»Sie ist mindestens achtzig!«
»Jetzt kann ich in Ruhe einschlafen«, lachte meine Frau.
Ich prüfte, ob die Tür auch wirklich verschlossen war.
Dann trat ich ans Fenster und blickte in den sternenüber-
säten Sommernachtshimmel über meiner Vaterstadt, die
schlafend da lag. Nur hier und dort funkelten einige verein-
zelte Lichter. Ein Student, der sich auf seine Prüfung
vorbereitete, ein Greis, der mit dem Todesengel rang, oder
eine Frau, die unter Qualen gebar? Unten auf der Straße
schoben sich die Fahrzeuge unverdrossen auf den Grenzübergang zu, wie eine Kolonne von Flüchtlingen, die aus
einer belagerten Stadt fliehen.

Auf dem Weg zum Haus der Familie Stiasne passierten wir
den großen Platz vor dem Rathaus. Bauern und fahrende
Händler hatten dort ihre Stände aufgebaut und boten Obst
und Gemüse feil, Kleidung und Korbwaren, Möbel und
Haushaltswaren, alte wie neue. Ich betrachtete die Gegenstände, die auf den Brettern der Verkaufstische ausgebreitet lagen, suchte vergeblich nach einem Stück, das einmal
uns gehört hatte, hätte zu gern einen Kidduschbecher oder
eine Menora ausgelöst, die vor Jahrzehnten aus unserem
Haus entwendet worden waren.
Hochbetagte Pensionäre mühten sich die flachen Stufen
zum Rathaus hinauf, das in den frühen zwanziger Jahren
erbaut worden war. Die Alten erinnerten sich vielleicht
noch an das Standbild Masaryks, der hoch zu Roß entschlossen auf das Portal des Rathauses geblickt hatte. Das
Standbild war dann von den Kommunisten zerstört und
durch ein riesiges Relief ersetzt worden, auf dem ein mus-
kulöses Arbeiterpärchen einen Stoß Ziegel geschultert hielt.
Nach der sanften Revolution Havels wurde das Relief

seinerseits zugunsten eines Betonsockels beseitigt, aus dem sich nun drei gekrümmte, rostige Eisenfinger in die Höhe reckten, die einmal eine Büste des Dramatikerpräsidenten stützen sollten – oder aber desjenigen, der das ersehnte wirtschaftliche Wunder bringen würde. Als Masaryk zu Besuch nach T. kam, befahl er, der Zug solle etwa einen Kilometer vor dem Bahnsteig halten, an dem der Bürgermeister und die übrigen Honoratioren auf ihn warteten. Der Präsident stieg gemächlich aus seinem Prunkwaggon, umarmte die Schulkinder, die entlang der Gleise postiert waren und aufgeregt weißrotblaue Fähnchen schwenkten, und marschierte mit ihnen zu Fuß in die Stadt ein. Klein gewachsen wie er war, konnte man ihn nur mit Mühe in der fröhlichen Prozession ausmachen.

Im Rathaus sind Vater und Mutter von einem Richter getraut worden, nach bürgerlichem Ritus und in Anwesenheit einiger wohlhabender Bürger von T., die Großvater Siegmund zu Ehren erschienen waren. Die jüdische Hochzeit dagegen fand im Haus der Familie Biegeleisen in B. statt. Mutter hat mir einmal anvertraut, daß Großvater Siegmund erst bereit war, sich mit den polnischen Juden abzugeben, nachdem ihm versichert worden war, der Rebbe würde sich in seiner Traurede kurz fassen. Vor der Trauung zog sich Großvater Siegmund mit dem Schwiegervater zurück und eröffnete ihm, er verzichte auf die Mitgift. Großvater Selig, der ein stolzer und eigensinniger Jude war, wies sein Angebot zurück.

»Das Mädchen bekommt genau das, was ihre drei älteren Schwestern auch bekommen haben.«

»Ich brauche dein Geld nicht, Selig«, beharrte der reiche Städter. »Gib dem Mädchen nur die Truhe mit dem Bettzeug, das sie bestickt hat, damit keiner sagt, ich hätte Walter eine arme Braut gegeben.«

»Ohne mich, Schwiegervater. Anderenfalls wird die Verlobung gelöst.«

Großvater Siegmund gab schließlich nach, weil er Walter nicht um sein Glück bringen wollte, und außerdem gefiel ihm die zierliche, energische Braut gut. Mutter gehörte zu den besten Turnerinnen des Maccabi-Sportvereins in B., bis irgend jemand, der sie bei einer Aufführung gesehen hatte, Großvater Selig gegenüber von ihr schwärmte und diesem verriet, das Mädchen habe tolle Beine! Der schokkierte Großvater reagierte unverzüglich und verbat seiner Tochter, fortan zu turnen und auf einem Fahrrad zu fahren. Weder Großmutter Blumas Flehen, Hilde sei ein gutes und keusches Mädchen, noch ihr Argument, das Turnen stärke den Körper der Tochter, so daß sie, wenn sie nur fleißig ihre Übungen mache, bestimmt noch ein paar Zentimeter wachsen würde, konnten den frommen Juden umstimmen. Erst recht nicht der Hinweis, viele von Hildes Freundinnen führen Rad (ohne sich dabei ihr Jungfernhäutchen zu zerreißen), tanzten auf Bällen mit jungen Männer und gingen mit diesen ins Kino.

Die großen, behauenen Quader des Gebäudes, in dem sich einstmals das deutsche Gymnasium befand, waren von einer dicken Rußschicht bedeckt. Das eiserne Hoftor war verschlossen. Die Messingplatte, die schon geraume Zeit nicht mehr geputzt worden war, ließ wissen, daß sich hier nun die Büros eines Vereins befänden (oder befunden hatten), dessen Namen wir nicht entziffern konnten. Vielleicht die Liga für Freundschaft unter den sozialistischen Bruderstaaten?

Vater war ein ordentlicher Schüler, zählte aber nicht zu den fünf besten seiner Klasse. Großvater Siegmund war über die durchschnittlichen Noten seines Sohnes enttäuscht. Er geriet außer sich, wenn Großmutter Walli ihn daran erinnerte, daß Walter sehr schön zeichnete, in einem Chor sang, gern wanderte und Tennis spielte.

»Walter hilft jeden Tag im Geschäft. Er ist erst sechzehn und es steht ihm zu, sich ein wenig zu vergnügen.« – »Ein wenig?! Kein Abend, an dem er nicht ausgeht und sich herausputzt wie ein Pfau.« – »Mir scheint, du hast ihm vorgemacht, wie man sich gut kleidet.« – »In seinem Alter habe ich bereits ein Vermögen gemacht.« – »Hast du etwa vor, ihn vom Gymnasium zu nehmen?« – »Ich will, daß er Klassenprimus wird.«

Lange Zeit standen wir am Ufer der Olsa und blickten in die trüben Fluten, auf denen Plastikflaschen und Müll aus den Fabriken der Umgebung trieben. Auf der gegenüberliegenden polnischen Seite war ein durchbrochener Zaun aus Stacheldrahtrollen auszumachen. Der milde Wind trug Satzfetzen auf polnisch zu uns herüber, die meinen Ohren weh taten. In den Wipfeln der Platanen entlang des Flußlaufes krächzten graue Raben.

Von der Olsa zog es mich in den Park. Auf den Bänken saßen Mütter und Kindermädchen, die miteinander schwatzten. Kinder spielten verstecken, bauten Burgen in der Sandkiste oder schaukelten ausgelassen, drehten am Lenkrad der alten, bunt bemalten Autos und hupten: Tut, Tut! Eine alte Frau streute den Tauben Brotkrümel hin und sprach mit leiser Stimme auf sie ein. Dann brach sie in Gelächter aus. Als sie mich bemerkte, fragte sie: »Warum lachen Sie nicht, mein Herr?«

Da ich nicht antwortete, drohte sie mir mit dem Finger wie die böse Hexe aus der Geschichte von Hänsel und Gretel: Du lachst oder ich vertreibe dich aus meinem Park! Dann fuhr sie fort, mit den Tauben zu reden. Ich wanderte durch den Park und versuchte mich an Tommy zu erinnern, der hier mit seinem Großvater gespielt hatte. Mit einem Mal war zwischen den Büschen die Tochter von Frau Stiasne mit ihrer Puppe aufgetaucht, die die Augen auf- und zuklappen konnte. Die Kleine trug ein kariertes Kleid mit Spitzenkragen, weiße Kniestrümpfe und schwarze Halbschuhe. »Paß auf, daß du dich nicht dreckig machst!« pflegte ihr Kindermädchen sie ständig zu ermahnen. »Spiel artig mit Tommy!« Selma (wie komme ich jetzt ausgerechnet auf Selma?) zog ihre Puppe aus und dann wieder an, legte sie schlafen und flüsterte ihr Geheimnisse ins Ohr, die ich nicht hören durfte. Einmal, als ich hinter ihr herlief, ließ sie sich von mir einholen. Und dann, als wir uns so gegenüber standen, blickte sie mich mit den strahlenden Augen eines dreijährigen Mädchens an und verlangte: »Gib mir einen Kuß, so wie Vater Lotte, unsere Köchin, immer küßt.«

Ich war vollkommen durcheinander und wußte nicht, was ich tun sollte. Sie stand auf Zehenspitzen, reckte ihren Hals und bot mir ihre Lippen dar. Ich war ein gehorsames Kind und tat, worum sie mich gebeten hatte. Dann nahm ich Reißaus.

»Feigling!« rief sie mir nach. Zwei Tage lang ging ich ihr aus dem Weg, fürchtete, sie würde wieder versuchen, mich zu küssen. Sie aber gab nicht auf und verfolgte mich, und als sie mich zu fassen bekam, meinte sie, ich sei einfältig wie ein Kleinkind, und wenn ich nicht wollte, würde sie einen anderen Bräutigam finden! Ich schloß die Augen und wartete, daß es endlich überstanden wäre. Aber das Mädchen (verflixt, wie hieß sie denn nun, meine erste Geliebte?) sagte, mit geschlossenen Augen zähle nicht. Und so fing es an. Nach einigen Küssen (sie imitierte dabei die Köchin und schrie: ›Lassen Sie mich, Herr! Nehmen Sie die Hände fort!‹) hatte ich mich daran gewöhnt und das Spiel fing an, mir zu gefallen. Eines Tages hörte Hella sie schreien, kam herbeigeeilt und ertappte uns auf frischer Tat, was ihr einen mächtigen Schreck eingejagt haben muß. Sie sagte, daß sich das für einen Jungen aus gutem Hause nicht gehöre. Und daß sie, hätte Großvater ihr nicht verboten, mich anzurühren, mir jetzt eine Ohrfeige verpassen würde, daß ich Sternchen sähe. Falls ich dem Mädchen noch einmal zu nahe käme, würde sie Vater und Mutter erzählen, was für einen verdorbenen Sohn sie hatten. Das Mädchen stand etwas abseits, wischte eine Träne fort und zeigte mir ihre rote Zunge.

Ich zog meine Frau an mich und umarmte sie.

»Gib mir einen Kuß, Großmama«, verlangte ich.

»Was ist los mit dir? Die Alte dort drüben und auch die Kindermädchen beobachten uns.«

»Sollen sie doch! Hier steht kein Schild, daß Küssen im Park verboten ist!«

Frau Stiasne öffnete uns mit einem freundlichen Lächeln die Tür und murmelte: »Das ist also der kleine Tommy!« Sie trug einen orangeroten Kittel, an dem zwei Knöpfen aufgegangen waren, und ihre rotgefärbten Haare standen wild ab. Sie entbot meiner Frau eine faltige, gepuderte Wange zum Kuß und sagte: »Gebt mir fünf Minuten, und ich bin bereit, euch zu empfangen. Welche Gäste! Ich bin gleich wieder da, lauft mir nicht weg!«

Mit der geschmeidigen Bewegung beleibter Menschen, denen die Gesetze der Schwerkraft nichts anhaben können, lief sie ins Nebenzimmer. Ich musterte die schweren Sessel, die mit polierten Messinggriffen verzierte Kommode, den Wohnzimmerschrank aus rötlichem Mahagoni, die Ölgemälde, deren Rahmen geschnitzte Blattranken darstellten, und den Gobelin, den sie in ihrer Jugend gestickt hatte. Ich sinnierte, daß so in etwa auch das Wohnzimmer meiner Eltern aussah. Nur daß das Zimmer von Frau Stiasne überladen wirkte, als habe man Möbel aus zwei oder drei Zimmern hineingestopft.

Es vergingen einige Augenblicke, bis sie zu uns zurückkehrte, jetzt in einem blauen Rock und einer flachsgelben Bluse, die Haare angefeuchtet und zurückgekämmt, mit einem Scheitel auf der rechten Seite. Sie trug ein Tablett, auf dem sie Kristallkelche, ein Flasche mit einer purpurfarbenen Flüssigkeit und eine Silberschale in Muschelform balancierte, die bis zum Rand mit Gebäck gefüllt war.

»Ein Jammer, daß Ernst nicht zuhause ist. Ich habe ihm gesagt, daß ihr kommt, aber er war nicht bereit, auf seine Partie Rommé und die politischen Diskussionen im Pensionärsklub zu verzichten. Wenn die Herren mich fragten, würde ich ihnen sagen: Wenn die Tschechen und die Slowaken nicht in der Lage sind, in Frieden miteinander auszukommen, sollen sie sich die Hand geben und sich dann wie erwachsene Menschen trennen. Das ist doch keine katholische Ehe! Also was habt ihr zu erzählen? Wie geht es Walter? Ist er noch immer so hoch aufgeschossen und gutaussehend? Und Hilde ... sie war ein richtiger Krapfen. Zum Anbeißen!«

Ich überreichte Frau Stiasne zwei Paar wollene Bettsocken, die Mutter gestrickt hatte, eine Dose Nescafé und eine Haarspange, die von einem Jerusalemer Goldschmied stammte. Ich berichtete ihr, daß meine alten Eltern in der Nähe der libanesischen Grenze lebten, (relativ!) friedlich und zufrieden. Ich sagte, sie gingen regelmäßig schwimmen, spazierten am Meer entlang, spielten Bridge (was Mutter entschieden besser tat als Vater) und erfreuten sich an ihren Enkeln und Urenkeln. Dann bestätigte ich, daß Vater tatsächlich noch immer stattlich und gutaussehend sei und darauf achte, sich wie ein Gentleman zu kleiden.

Und daß Mutter Bücher schreibe, Pullover für geistig behinderte Kinder stricke und stolz darauf sei, nicht ein Gramm Fett zuviel zu haben. Ich sagte nicht, daß Vater inzwischen gebeugt ging und regelmäßig seinen Arzt aufsuchte (ob nun berechtigt oder nicht!) und daß Mutter seit der Inhaftierung in Bergen-Belsen an chronischem Durchfall und Alpträumen litt.

»Ich wünschte, das könnte ich auch von mir sagen!« tätschelte Frau Stiasne ihren enormen Bauch.

Sie goß uns einen Vischniak ein, verschüttete einige Tropfen auf die bestickte Tischdecke, und alle drei stießen wir an und tranken auf ein gutes Leben. Frau Stiasne war ganz begierig, mehr zu hören, aber nachdem ich sie eindringlich gebeten hatte, wie eine Zauberin Bilder aus dem Leben meiner Familie in T. heraufzubeschwören, ließ sie sich endlich zu einer Kostprobe ihrer Künste bewegen und überraschte mich mit einem Geständnis: »Auch ich war in deinen Vater verliebt. Nur sag deiner Mutter nichts davon. Er war nicht der einzige bei mir. Ich hatte zwei oder drei Verehrer, die ich um den kleinen Finger wickelte. Um den hier, mit dem Ring! Aber Walter habe ich wirklich geliebt. Warum? Wegen seiner stattlichen Größe, den guten Manieren und der Aufrichtigkeit. Ein Wort war bei ihm ein Wort. Wenn wir verabredet waren, uns um fünf unter der Linde am Ufer der Olsa zu treffen, kam er eine Viertelstunde eher und brachte ein Geschenk mit: Ein Kopftuch oder ein Haarband. Ich dagegen kam immer zu spät. Er wußte, wie man sich verbeugt und zum Tanz auffordert, und niemals trat er einem auf die Füße. Tennis spielte dein Vater zwar nicht wie Ivan Lendl oder wie Korda, aber er regte sich nicht auf und warf den Schläger nicht weg, wenn er mal verlor. Er hatte einfach ein angenehmes Temperament und noch einige andere Vorzüge mehr, auf die ich jetzt nicht näher eingehen werde. Walter selbst hat mir gesagt, daß er sich mit Hilde verloben werde, bat um Verzeihung und versprach, mich immer in Erinnerung zu behalten. ›Du Idiot! Ich hab' dich schon vergessen!‹ tröstete ich ihn. Warum probiert ihr die Plätzchen nicht? – Obwohl ich bei weitem jünger war, freundete ich mich Großmutter Walli an. Großvater Siegmund konnte ich nicht leiden. Er war zu klug für mich. Die Freundinnen nannten deine Großmutter: Eisberg. Sie meinten, sollte jemals ein Lächeln auf ihren blassen Lippen erscheinen, würde die Alte auftauen und dahinschmelzen. Was waren wir für Schandmäuler damals! Einmal ging ich in den Laden, um für meinen Vater einen Krokodilledergürtel zu kaufen. Bei euch konnte man wunderbare Geschenke für den Herrn bekommen. Als ich eintrat, sah ich Walli neben der Kasse sitzen und stöhnen. Sie war allein im Laden. Sobald sie mich bemerkte, erhob sie sich mühsam und sagte: ›Was darf ich Ihnen zeigen, mein Fräulein?‹ ›Tut Ihnen etwas weh, gnädige Frau?‹ wagte ich zu fragen. ›Ja‹, erwiderte sie. ›Hier. Unter dem Herzen.‹ ›Soll ich Ihnen ein Glas Wasser bringen oder einen Arzt rufen?‹ ›Danke. Ich habe Walter nach oben geschickt, damit er mir Kodein bringt.‹ ›Soll ich bei Ihnen bleiben?‹ ›Wenn Sie möchten. Waren Sie nicht einmal eine Freundin meines Sohnes?‹ ›War ich.‹ ›Aber er hat eine andere genommen.‹ Es war etwas Grausames in diesen Worten. Beinahe Schadenfreude. Ich schwieg. ›Hätte er mich gefragt, ich hätte es lieber gesehen, wenn er Sie geheiratet hätte. Nein, ich beschwere mich nicht über meine Schwiegertochter. Sie liebt Walter und begegnet mir mit Respekt. Achtet mich. Aber ich glaube nicht, daß sie mich gern hat. Verstehen Sie, was ich sagen will?‹ ›Vielleicht sind Sie im Irrtum, gnädige Frau? Ich kenne Hilde. Sie erzählt nur Gutes von Ihnen.‹ ›Tatsächlich?‹ lächelte sie. Und ich sagte mir: Jetzt passiert es! Noch einen Moment und sie verwandelt sich in eine Pfütze.

Von da ab war ich regelmäßig bei deiner Großmutter und erzählte ihr, was sich so bei uns, den jungen Leuten, tat. Immer wollte sie wissen, was Hilde getan und gesagt hatte. Ich wurde eine Art Spitzel für sie. Aber über deine Mutter gab es nichts Negatives zu berichten. Es war einfach frustrierend! Sie war die Frau eines einzigen Mannes. Sogar als Walter nach Palästina gefahren war, blieb sie ihm treu, als könne er von dort aus sehen, mit wem sie sich in den Beskiden herumtrieb. Ich war nicht ganz so unschuldig, Gott und Ernst mögen mir verzeihen. Großmutter Walli hat dich sehr geliebt, Tommy, obwohl sie das durch Umarmungen und Küsse nie gezeigt hat. Sie ärgerte sich darüber, daß alle Welt um dich herumhüpfte und dich verwöhnte. Besonders dein Großvater. Einmal kaufte er dir ein Pony, weil du ganz vernarrt in die süßen Ponys im Zirkus warst. ›Tommy muß nicht alles bekommen, worauf er gerade Lust hat. Gott verteilt im Leben nicht nur Süßigkeiten und Sahnetorten!‹ sagte sie und verlangte, daß dein Großvater das Pony zurück zum Zirkus brächte. Siegmund wollte nicht nachgeben, aber nachdem das Pony den gesamten Hinterhof mit Pferdeäpfeln gepflastert hatte und während der Schlafstunde wieherte, verkaufte er es. Walli kam aus einer mit Kindern reich gesegneten Familie, in der sich die Älteren um die Jüngeren kümmerten und die Jüngeren die Kleidungsstücke der Älteren erbten. Walli, die mittlere Tochter, kam nie in den Genuß eines neuen Kleides. Sie hat mir erzählt, daß sie ihre ältere Schwester immer zwickte und anspornte: ›Iß Mehlspeisen und werd schneller groß, ich möchte dein Kleid haben!‹

Eines Tages, das war lange, bevor deine Mutter in die Familie und den Hutladen Einzug hielt, kam Siegmund von einer Einkaufsreise aus Wien zurück und brachte Walli einen breitkrempigen Strohhut mit Samtband und einer Dolde aus Muskattrauben. Deine Großmutter sagte: ›Danke‹, und rührte den extravaganten Hut nicht an. ›Setz ihn auf!‹ bat dein Großvater. Walli weigerte sich. ›Ich sehe lächerlich mit diesem Weinberg auf dem Kopf aus. Ich will nicht, daß die geschätzten Damen die Nase rümpfen und über mich lachen.‹ Dein Großvater war beleidigt und legte den Hut zurück in die Schachtel. Am nächsten Tag kam die Gattin des Bürgermeisters in den Laden, und der verkaufte er den Hut. Deine Großmutter wäre vor Neid und Wut fast geplatzt.«

»Und was macht Ihre Tochter?«

»Bertha? Ich habe darauf gewartet, daß du fragst. Das Kindermädchen hat mir damals alles erzählt. Darf man über deine Jugendsünden reden, in Gegenwart deiner Frau?«

»Bertha – das war ihr Name!«

»Hattest du ihn etwa vergessen?«

»Wie könnte ich?! Erzählen Sie! Aber Sie müssen wissen, daß Bertha es war, die mit der Küsserei anfing.«

»Das sagen alle Männer! Aber lassen wir die Kinderspiele. Für Bertha, wie für uns alle, war die Zeit unter den Kommunisten kein Honigschlecken.«

Ein paar nicht zu bändigende Tränen liefen die eingefallenen Wangen der Frau Stiasne hinab, gruben sich feuchte Pfade durch die Puderschicht.

»Wir waren eine wohlhabende Familie. Kapitalisten, wie dein Großvater. Meinem Vater gehörte eine Porzellanfabrik, in der Hunderte von Arbeitern beschäftigt waren. Wir bewohnten ein großes Haus auf dem Hügel, umgeben von einem Garten aus Kirschbäumen. Die Kommunisten beschlagnahmten die Fabrik wie auch die Villa und schickten meinen Vater und Ernst zur Arbeit ins Gußwerk an den Hochofen. ›Damit ihr ins Schwitzen kommt wie Proletarier und lernt, von ehrlicher Arbeit zu leben!‹ sagten sie ihnen. Vater brach nach einigen Monaten zusammen und starb, bevor der Arzt eintraf. Ernst hat am Ofen gearbeitet, bis er in Pension ging. Ich, die ich gewohnt war, wie eine Dame zu leben, habe dreißig Jahre als Kassiererin in einem Konsum gearbeitet. Ich beklage mich nicht! Wenn ich von der Arbeit nach Hause kam, war ich wie tot, aber im Korb unter der Parteizeitung hatte ich immer einige Konservenbüchsen, Toilettenpapierrollen oder ein Stück Fleisch, das zu einem verbilligten Preis an die Belegschaft verkauft wurde. Und an der Kasse bekam ich mit, was sich in der Stadt so tat. Wer mit wem ging, wer die Leiter empor geklettert war, so daß es sich lohnen würde, besonders freundlich zu seiner Frau zu sein, und wer gefallen war und sich das Genick gebrochen hatte. Wie ich schon gesagt habe, es tut mir nicht leid um diese Jahre.«

»Sie wollten von Bertha erzählen.«

»Dräng mich nicht, mein Guter. Es fällt mir schwer, darüber zu sprechen. Als wir sie für das Gymnasium anmelden wollten, teilte uns die Direktorin mit, die Pädagogische Kommission habe beschlossen, daß Bertha einen Beruf erlernen solle. ›Aber das Mädchen möchte sein Abitur machen und dann Medizin studieren!‹ sagte Ernst. ›Ihr Kapitalisten habt genug gelernt. Jetzt sind die Kinder der unterdrückten Bauern und Arbeiter an der Reihe, die Universitätsbänke zu wärmen.‹ ›Und die der Parteifunktionäre!‹ konnte ich nicht an mich halten. ›Hüten Sie Ihre Zunge, Genossin. Ich habe kein Interesse, Ihnen Schwierigkeiten zu bereiten. Bertha ist eine begabte und aufgeweckte Schülerin. Schade, daß sie nicht die Tochter eines Bergarbeiters oder Tischlers ist.‹ ›Aber Vater und ich ...‹, mischte sich Ernst ein. ›Inzwischen ist Ihr Verhalten vorbildlich, Genosse. Aber die Partei hat das Gedächtnis eines Elefanten. Es ist alles im Parteibuch festgehalten. Wir vergessen nicht, wer in Schlössern gesessen und gebratene Täubchen verspeist hat, während die hungernden Arbeiter vor Kälte zitterten, weil ihnen das Dach über dem Kopf leckte.‹ ›Vielleicht sind Sie bereit uns helfen, Genossin Direktorin?‹ flehte ich. ›Schreiben sie an die Kommission, und wir werden die Angelegenheit dort diskutieren. Ich werde die Ärmel hochkrempeln und die Genossen zu überzeugen versuchen, aber das Ganze hängt nicht allein von mir ab.‹ Am Ende wurde Bertha zu einem Nähkurs geschickt und von dort in einen Betrieb, wo Uniformen für die Armee genäht wurden. Daran ist das arme Mädchen zerbrochen. Als hätten sie ihr die Nähnadel direkt ins Herz gestochen. Bertha heiratete und ließ sich wieder scheiden. Dann heiratete sie ein zweites Mal und brachte zwei reizende Kinder zur Welt, aber sie selbst ist zutiefst unglücklich.«

»Und sie trinkt viel.«

»Wer hat dir das erzählt?«

Ich schwieg.

»Peter ist ein guter Ehemann, aber was soll er denn noch ertragen? Woher ...« Sie warf mir einen verlorenen Blick zu.

»Gestern war ich in einer Schankwirtschaft, um zu fragen, wo das Hotel sei, und ...«

» ... und Bertha bettelte um ein Gläschen?«

»Ja. Vielleicht ist es möglich, ihr zu helfen?«

»Wir haben schon alles versucht ... Aber jetzt mußt du noch eine erfreuliche Geschichte hören!« Sie wischte die Tränen fort und schnäuzte sich die Nase. »Als Anuschka – Berthas älteste Tochter, die dort auf dem Foto über dem

Fernseher, eine Schönheit, wie ihre Mutter einmal eine war – als Anuschka achtzehn wurde, hatten wir alle Angst, sie könnte nicht zur Universität zugelassen werden. Aber just da fingen die Studenten in Prag an und demonstrierten auf dem Wenzelsplatz, hielten Reden, zündeten Kerzen an und klapperten mit den Schlüsselbunden. Am Ende haben sie dann Husák zum Teufel gejagt. Die Dinge gerieten in Bewegung. Unseren Besitz hat man uns zwar noch nicht zurückgegeben! So was braucht seine Zeit. Aber auf dem Anmeldebogen für die Universität ist die Sparte ›Klassenzugehörigkeit‹ gestrichen worden, deretwegen damals auch unser Präsident Havel benachteiligt wurde. Und in dieser Woche nun hat man uns mitgeteilt, daß Anuschka an der Medizinfakultät in D. angenommen worden ist. Na, was sagt ihr dazu?!«

»Das muß gefeiert werden!«

»Jede Nacht bete ich, daß Bertha mit dem Trinken aufhört. Also sollten wir auf Frau Doktor Anuschka nicht anstoßen, sondern uns umarmen. Nicht so schüchtern, junge Frau! Ihr seid doch Familie. Sag, Tommy, ist dein Vater noch so stattlich und gutaussehend?«

Die schwergewichtige Frau zog mich an sich, küßte mich und schmierte mir dabei Puder und Lippenstift auf die Wange. Auch meine Frau entging der Umarmung nicht. Ich fragte, wer die Läden gepachtet habe und wer in unserem Haus wohne.

»Die hinkende Witwe, die den Laden gepachtet hat, ist – verzeiht mir den Ausdruck – ein schönes Früchtchen. Sie hat hinter dem Vorhang ein Klappbett aufgestellt. Wozu braucht sie dort ein Bett, frage ich euch?«

»Sie hat mir erzählt, daß sie sich dort ausruht, wenn keine Kunden da sind.«

»Ich würde das nicht gerade ausruhen nennen! Aber schließlich, was geht es mich an? Soll sie doch! Nur erklär mir, Tommy: Warum sind es ausgerechnet die Verkrüppelten, die die Männer anziehen?«

»Und wer hat Mutters Laden gepachtet?«

»Jemand Neues, den ich nicht kenne. Auch solche gibt es!«

»Und die Frau, die in der Wohnung der Großeltern wohnt?«

»Die Kommunistenkuh? Die hat im Gesundheitsausschuß gearbeitet und den Kranken die Seele aus dem Leib gefragt, bis sie jemandem einen Anrechtschein für eine Kur in der Tatra gegeben hat. ›Was geizen Sie so?!‹ habe ich sie angeschrien. ›Geht das etwa vom Besitz Ihres Vaters ab?‹ ›Halten Sie den Mund, Sie Bürgerliche, sonst ...‹ ›Was könnt ihr uns denn noch antun? Ihr habt uns unseren Besitz genommen, Vater habt ihr umgebracht und Berthas Leben zerstört. Geben Sie mir endlich den verfluchten Schein, ich muß zurück an meine Arbeit im Konsum.‹ ›Sagen Sie, Genossin, was wird heute ausgegeben?‹ ›Schweinezungen‹, log ich und verdrückte mich mit dem abgestempelten Anrechtschein. Immer hab' ich geglaubt, der Todesengel sei ein Kerl, bis ich diese Kuh getroffen habe und eingestehen mußte: Entschuldige. Ich habe mich geirrt.«

»Und was halten Sie von der Sportlehrerin?« fragte meine Frau.

»Habt ihr Anna getroffen? Sieht sie nicht aus wie Steffi Graf? Diese Beine und was für eine Figur! Und ihre reizenden Zwillinge! Annas Vater war überzeugter Kommunist. Einer, der, wenn man ihm sagt, was er denken und tun soll, es dann tut. Nach dem Prager Frühling gingen ihm die Augen auf, und er sah, daß das, was er für rot gehalten hatte, in Wahrheit schwarz war. Und daß die Kardinäle und Heiligen im Kreml ihn betrogen hatten. Letzten Endes war er ein anständiger Mann und nicht in der Lage, damit fertig zu werden, daß er sein Leben einem Irrtum geweiht hatte. Also schoß er sich eine Kugel in den Kopf. Anna war damals beinahe noch ein Kind, und ihr könnt euch vorstellen ... Nein! Könnt ihr nicht. Welch ein Schock das für sie und ihre Mutter gewesen sein muß. Eine Woche, nachdem ihr Vater gestorben war, gab Anna Halstuch und Bluse der kommunistischen Jugendbewegung zurück und wurde zur Dissidentin. Sie war Aktivistin in einem Kreis, der manchmal auch bei uns zusammenkam. Ernst hatte eine alte Schreibmaschine, auf der sie ihre Flugblätter schrieben. In unserem Haus traf Anna auch Jan zum ersten Mal. Ich spürte gleich, daß es bei den beiden gefunkt hatte, und sagte zu Ernst: ›Schau dir das neue Paar an!‹ ›Du und deine romantischen Anwandlungen!‹ wies er mich zurecht. Und wer hat recht behalten?« Sie lachte. »Nach einiger Zeit verriet mir Anna, daß Jan sie zu einem Konzert in A. eingeladen habe. Damals waren die Preise für Konzert- und Theaterkarten noch sehr niedrig.«

»Und was ist mit Frau Gisela passiert?«

»Du erinnerst dich noch an sie?«

»Selbstverständlich!«

»Sie war ja ganz verrückt nach dir. Gisela lebt heute in S., und sie hat sogar einen Sohn. Aber nicht von Wolfgang, dem Nazi! Der hat sie ständig beschuldigt, sie sei unfruchtbar, und wegen ihr habe er keine rein arischen Kinder. Ein Kind hat ihr der Zahnarzt gemacht, der sich an sie heranmachte, als die Russen Wolfgang verhafteten und zur Zwangsarbeit nach Sibirien geschickt hatten. Auch Gisela wollten sie ausweisen, zusammen mit den übrigen Deutschen, die aus dem Sudetenland vertrieben wurden, aber der Zahnarzt hatte Beziehungen und beschaffte ihr eine Aufenthaltserlaubnis, mit der sie in T. bleiben konnte. Der Bursche versprach Gisela sogar, sie zur Frau zu nehmen, falls sich herausstellen sollte, daß Wolfgang eines Tages beschlossen hätte, in der Taiga zu bleiben oder dort zu erfrieren. Doch erst einmal schwängerte er sie, um sie dann sitzen zu lassen und die Tochter eines Generals oder Majors zu heiraten. So seid ihr halt, ihr Männer! Und du sei ganz still! Schon im Alter von drei hast du meine Bertha verführt! Na, unwichtig. Nachdem ihr Zukünftiger sich aus dem Staub gemacht hatte, ging Gisela nach S., lernte Friseuse, fand eine Anstellung im ›Salon Moldau‹ und zog ihren Sohn groß. Ich fuhr immer mit dem Zug zu ihr nach S., damit sie mich frisierte und mir die Haare färbte, zum halben Preis. Sonntags arbeitete sie für gewöhnlich zu Hause, mit den Sachen, die sie im Frisiersalon organisiert hatte. Na hör mal, wir mußten doch klar kommen und leben!«

Es war angenehm, die Zeit mit Frau Stiasne zu verbringen, Mohnplätzchen zu knabbern, die am Rand leicht angebrannt waren, Geschichten zu hören und ein Gefühl von Zuhause zu haben. Aber noch bevor ich hörte, was Bertha widerfahren war, hatte ich beschlossen, den Zug um 11 Uhr 28 zu nehmen.

»Kommt bald wieder!« bat Frau Stiasne. »Und bringt Walter und Hilde mit. Ich möchte sie noch einmal sehen, bevor ich ... Und sagt Danke von mir für den Brief mit den Dollars, den dein Vater beigelegt hat. Ich werde sie verprassen, wenn wir nach Wien fahren. Schade, daß ihr Ernst nicht getroffen habt. Und Bertha, die hast du ja gesehen.«

Als wir dem Portier mitteilten, wir würden T. verlassen, murmelte er auf jiddisch: »Fahrt in Frieden!«
Er sah in seinem Quittungsbuch nach und meinte, er habe das Geld noch nicht zur Bank gebracht und könne uns daher den Betrag für zwei Nächte zurückgeben.

»Sie sollten sich beeilen. Der Zug hält nur zwei Minuten an unserer Station.«

Der Zettel, der an der Tür des Aufzugs geklebt hatte, war verschwunden. Wir drängten uns in die enge Kabine und krochen begleitet vom Knarren der Kabel hinauf.

»Runter gehe ich zu Fuß«, verkündete meine Frau.

Die Laken und Decken lagen noch so auf den Betten, wie wir sie zurückgelassen hatten, und die Reste unseres Abendessens befanden sich noch im Papierkorb. Aber der offene Koffer, Zigarettenrauch und ein zerdrückter Zigarettenstummel im Aschenbecher zeugten davon, daß jemand unsere Sachen durchsucht und sich nicht die Mühe gemacht hatte, seine Spuren zu verwischen.

»Sieh bitte nach, ob etwas fehlt.«

»Schon dabei. Das Geld und die Pässe hast du?«

»Ja.«

»Mir scheint, das sonst alles in Ordnung ist. Und jetzt entschuldige mich, ich muß ...«

»Ich auch, aber geh du als erste.«

Als meine Frau von der Toilette zurückkam flüsterte sie: »Wenn mich mein absolutes Gehör nicht trügt ... ist jemand im Nebenzimmer.«

»Das ist das Zimmer des Dauergastes.«

»Geh du jetzt, zieh aber nicht ab.«

»Soll er doch hören«, sagte ich laut.

»Wie du meinst! Ich packe inzwischen.«

Mit energischem Ruck zog ich an der Kette und lauschte dem triumphierenden Rauschen des Wassers, das aus dem Tank in die Kloschüssel strömte. Der Lärm hallte auf dem leeren Stockwerk wider, bis er erstarb und sich erneut Stille ausbreitete. Ich drückte mein Ohr an die Wand, die zwischen unserem Badezimmer und dem Zimmer des Nachbarn trennte, hörte, wie ein Stuhl verrückt wurde, dann das

Geräusch von Schritten, ein Schlüssel, der im Schloß gedreht wurde, und eine sich öffnende Tür.

Einen Augenblick später hörten wir ein sachtes Klopfen an der Tür. Ich öffnete. Vor mir stand ein schmächtiger, etwa siebzig Jahre alter Mann mit vollem, schlohweißen Haar, zerknittertem Gesicht und einer winzigen Narbe auf der Nase. Er trug einen blauen Anzug mit roter Fliege. Er betrachtete uns mit seinen trüben blauen Augen und fragte schließlich – auf deutsch –, ob er eintreten dürfe.

»Wenn Sie einen Durchsuchungsbefehl haben«, sagte ich.

»Verzeihung?«

»Man hat unseren Koffer durchwühlt.«

»Ist etwas gestohlen worden?«

»Nein. Bitte sehr, treten Sie ein.«

»Dr. Hermann Fröhlich, Rechtsanwalt.«

Er verbeugte sich und küßte meiner Frau die Hand. Ich nannte ihm unseren Namen.

»Sehr angenehm. Der Portier hat mir verraten, daß die Herrschaften aus Israel sind.«

»Aus Jerusalem.«

»Ah! Jerusalem! Ich sehe, daß Sie die Narbe auf meiner Nase betrachten. Nicht, daß Sie sich täuschen. Ich gehöre nicht zu Ihrem Volk. Ich habe viel gelitten wegen dieses Zinken. Meine Klassenkameraden trieben ihre Späße mit mir und nannten mich ›Judas‹. Die Gestapo fiel auf der Straße über mich her und schrie: ›Warum trägst du keinen Judenstern?!‹ Ich zeigte ihnen meine Papiere und sagte, ich sei Student der Rechte, aber sie behaupteten, kein anständiger Christ habe eine solche Nase, und schleppten mich auf die Wache. ›Rufen Sie meine Eltern an‹, flehte ich. Sie versicherten mir feierlich, meine Eltern kämen auch noch an die Reihe, und daß sie noch nie einer so frechen jüdischen Wanze wie mir begegnet seien. Achtundvierzig Stunden verhörten sie mich. Ließen mich nicht schlafen. Erlaubten mir nicht, mich zu setzen. Schlugen mich mit Gummiknüppeln, brachen mir die Rippen und die Judennase. Ich war bereit, ihnen zu unterschreiben, ich – persönlich – habe Jesus gekreuzigt, und daß meine Name entweder Albert Einstein oder Hermann Göring sei! Nur daß sie aufhörten, mich zu schlagen, und mich die Augen zumachen ließen. Und dann, als ich zerschlagen dalag und an das Ende dachte, bat ich, einen Priester kommen zu lassen. Der Priester kam, beugte sich über mich, rang die Hände, bekreuzigte sich und schwor, er und kein anderer sei es gewesen, der mich getauft habe. ›Daß du es in Zukunft nicht wagst, mit solch einer Nase auf der Straße herumzulaufen!‹ Mit einem Fußtritt beförderten sie mich nach draußen. Ich hatte die Wache mit pechschwarzem Haar betreten, und als ich auf allen vieren von dort herausgekrochen kam, waren meine Haare weiß wie Schnee.«

»Haben Sie zufällig gehört, wie jemand unser Zimmer betreten hat?«

»Ich habe nichts gehört und nichts gesehen.«

»Ein falscher Zeuge«, sagte ich auf hebräisch zu meiner Frau.

»Vielleicht war es ja das Zimmermädchen?«

»Schauen Sie sich die Betten an! Sie ... sind Rechtsanwalt, nicht wahr?«

»Aus der Provinz«, sagte er bescheiden und setzte ein hochmütiges Lächeln auf. »Sie haben gesagt, es sei nichts gestohlen worden.«

»So weit ich feststellen konnte«, bestätigte meine Frau.

»Dann ist ja alles in Ordnung.«

»Durchwühlt ihr hier immer noch die Sachen ausländischer Gäste und installiert Wanzen in Telefonhörer?! In welchem Zeitalter lebt ihr denn?«

»Ich habe unter so vielen Regimen gelebt, daß es mir schwer fällt, auf diese Frage zu antworten.«

»Wer hier am Werk war, hat billige Zigaretten geraucht und, absichtlich, seinen Stummel im Aschenbecher hinterlassen.«

»Amateure!« rümpfte der Rechtsanwalt seine vernarbte Nase.

»Ich sagte: absichtlich!«

»Absichten lassen sich nur schwer nachweisen.«

»Vielleicht sollte es eine Warnung sein?«

»Vielleicht.«

»Beantworten Sie bitte meine Frage.«

»Ich habe Ihnen geantwortet, so weit es die mir zur Verfügung stehenden Indizien zulassen. Und jetzt, meine Dame und mein Herr, muß ich in mein Zimmer und an meine Arbeit zurück.«

»Was hielten Sie davon, für uns ein Rechtsgutachten anzufertigen?«

»In welcher Angelegenheit?«

»Sie sind auch während der kommunistischen Ära Rechtsanwalt gewesen?«

»Aber gewiß. Vierzig Jahre lang habe ich auf Treue und Gewissen Angeklagte verteidigt und sogar einige Prozesse gewonnen! Auch wenn ich verlor, waren die Kunden zufrieden, weil ich in meine Plädoyers immer volkstümliche Sprichwörter und Gleichnisse eingebaut habe, die die Zuhörer zum Lachen und die Richter zur Weißglut brachten. Ständig verwarnten sie mich, drohten, sie würden mir wegen Mißachtung des Gerichts eine Geldstrafe auferlegen und mir meine Zulassung entziehen, aber offenbar wurde ihnen von oben signalisiert, sie sollten mich ruhig weiter kläffen lassen. Als man Familie Stiasne, die Ihnen ja bekannt ist, die Fabrik beschlagnahmte, wandten sie sich an mich. Ich sagte ihnen, daß die Erfolgsaussichten dürftig seien, aber sie bestanden darauf, an die Pforten des Gerichts zu klopfen. Also verlangte ich, die Enteignung rückgängig zu machen, und der Richter wies meinen Antrag zurück. Ich legte Widerspruch ein. Und verlor erneut. Beim zweiten Mal nahm ich kein Honorar. Glauben Sie ja nicht, ich sei naiv und habe an eine kafkaeske Form der Rechtsprechung geglaubt! Nach dem einundzwanzigsten Parteikongreß und dem Schauprozeß gegen Slansky wußte ich, daß wir alle verurteilt sind. Und wenn schon – bin ich deshalb heuchlerisch und korrumpiert gewesen? Nein, nicht Dr. Fröhlich! Es stimmt, daß ich mit den Gentlemen, die die Urteilsschriften diktierten, meine Absprachen hatte. ›Mit Pferdehändlern mußt du feilschen wie ein Pferd!‹ sagte meine Mutter immer. Aber ich habe meine Seele nicht für einen Kalbsbraten verkauft. Ich war weder Parteigenosse, noch habe ich irgendwelche Aufrufe unterschrieben. Jemand mußte ja die Rolle des Verteidigers spielen. Und ich bin nun einmal mit einer Begabung fürs Spiel und einer eindrucksvollen Stimme gesegnet. Es gab Schöngeister, die behaupteten, ich hätte mit der Geheimpolizei kollaboriert. Aber der Ausschuß, der meine Vergangenheit untersucht hat, hat mich reingewaschen und mir meine Rechte und meinen guten Namen wiedergegeben.«

»Wären Sie bereit, sich um eine Rückgabe unseres Eigentums zu kümmern.«

»Fragen Sie mich?«

»Wen sonst? Welche Schritte hielten Sie für angebracht, wenn Sie uns vertreten würden?«

Dr. Fröhlich bekam einen Hustenanfall, der seinen schwächlichen Körper erbeben ließ. Er lockerte den Knoten seiner Fliege, faßte sich an die Rippen und stöhnte schmerzverzerrt.

»Ich vertrete bereits die Mieter. Sie beorderten mich nach T., als bekannt wurde, daß Sie in dem Laden herumschnüffeln und sich Zutritt zu den Wohnungen verschaffen.«

»Das ist das Haus meiner Großeltern! Wir haben entsprechende Dokumente.«

»Tatsächlich?!« In seinen erloschenen Augen entzündete sich ein Funke.

»War es das, was Sie gesucht haben?«

»Mein Herr, Sie erheben haltlose Anschuldigungen gegen mich!«

Um ein Haar und ich wäre der Versuchung erlegen, den alten Mann beim Kragen zu packen und ihn durchzuschütteln. Der Rechtsanwalt las meine Gedanke und wich in Richtung Tür zurück.

»Ihr Israelis seid ein aggressives Volk geworden! Nach dem Gesetz wird Körperverletzung unter erschwerenden Umständen mit einer Haftstrafe von fünf Jahren geahndet. Ich will Sie nicht in Schwierigkeiten bringen. Glauben Sie mir. Es ist besser, wir gehen wie kultivierte Menschen auseinander. Es war mir ein Vergnügen, Ihre Bekanntschaft gemacht zu haben.«

Er beugte sich über die Hand meiner Frau, doch sie zog diese angewidert zurück. Der Rechtsanwalt richtete sich auf, blickte Mimi feindselig an und schlüpfte dann aus dem Zimmer.

Wir trugen den Koffer und die Taschen zum Rezeptionstresen. Der Portier blickte sich argwöhnisch um und schob mir dann behende die Dollars zu. Ich gab ihm ein Trinkgeld, worauf er mich anlächelte und das Geld in seiner Hosentasche verschwinden ließ.

»Entschuldigen Sie meine Unverschämtheit. Aber ich habe eine große Bitte an Sie.«

»Und die wäre?«

Der Portier ging von Deutsch zu Jiddisch über: »Sie kehren doch nach Jerusalem zurück?«

»Ja.«

»Könnten Sie einen Zettel von mir mitnehmen und ihn zwischen die Quader der Klagemauer stecken?«

»Das tue ich gern.«

»Ich werde Ihnen mit dem Koffer helfen.«

»Bemühen Sie sich nicht.«

»Gestatten Sie dennoch«, bat er und hob den Koffer an.

»Sie müssen sich beeilen, der Zug fährt gerade ein.«

Wir nahmen die Treppe im Laufschritt, passierten den Korridor und das Restaurant, überquerten die Straße, hörten die Ansage aus dem Lautsprecher, das Schlagen der Türen und den gellenden Pfiff des Stationsvorstehers. Als wir den Bahnsteig erreicht hatten, stieß die Lokomotive bereits weißen Qualm aus und begann sich in Bewegung zu setzen.

»Der nächste Zug geht um 15.15 Uhr«, tröstete uns der Portier. Kehren Sie ins Hotel zurück und ruhen Sie sich aus. Ich versuche, etwas zu essen aufzutreiben.«

»Ich ziehe es vor, hier auf dem Bahnsteig zu warten.«

»Wenn es so ist, verabschiede ich mich jetzt von Ihnen. Ich muß zurück zu meinem Tresen.«

Ratlos und bedrückt standen wir und blickten dem Zug nach, der am Horizont verschwand.

Der emsige Bahnhofsvorsteher und eine Frau mit ausladendem Hinterteil, die den Boden mit einem Reisigbesen fegte, zuckten mit den Schultern. Wir ließen uns auf der alten Holzbank nieder und blickten uns an wie zwei, die unschuldig verurteilt worden waren.

»Ich hoffe, es ist uns nicht bestimmt, in T. zu bleiben.«

»Nun mal den Teufel nicht an die Wand! Ich sehe eine Frau, die aus der Unterführung zu uns hinüberspäht.«

157

»Ich auch. Und wenn schon?«

Eine alte Frau, den Kopf mit einem Tuch umwickelt, tauchte aus der Unterführung auf und näherte sich uns. Sie trug einen Stoffbeutel.

»Herr und Frau H.?« fragte sie in altmodischem Deutsch.

»Ja.«

»Sie haben den Zug verpaßt«, lächelte sie. »Das macht nichts. Um 15.15 Uhr kommt der nächste.«

»Und wie heißen Sie, meine Dame?«

»Mein Name ist Jarmila. Ich habe in der Konditorei gegenüber dem Haus Ihres Herrn Großvaters gearbeitet. Der Vater und die Mutter pflegten bei uns immer Crèmetorte zu kaufen und eine Tasse Schokolade mit Sahne zu trinken. Ich erinnere mich, wie Hella Sie als kleinen Jungen im Kinderwagen durch die Gegend geschoben hat und Putzi mit dem Schwanz gewedelt und jeden angebellt hat, der dem Wagen zu nahe kam. Ich jedenfalls habe es nicht gewagt! Und als ich nun von Frau Stiasne hörte ...«

»Hat sie Sie geschickt?«

»Vielleicht hätte ich es Ihnen besser nicht sagen sollen. Was rede ich nur daher! Wie auch immer. Als ich hörte, daß die Herrschaften mit dem Zug um 11.28 Uhr abreisen, habe ich mir gesagt: ›Jarmila, vergiß deine geschwollenen Beine und geh Herrn Tommy begrüßen. Zum Glück hatte ich noch Butterkekse in der Speisekammer, wie ich sie beim Konditor backen gelernt habe, und eine Büchse mit echtem Kaffee. Also habe ich Kaffee gemacht und in die Thermoskanne gefüllt. Und dann bin ich hierher gelaufen. Ich habe in der Unterführung gewartet, bis ich genug Mut beisammen hatte, die Herrschaften anzusprechen. Sie müssen von dem Kaffee trinken und die Kekse probieren. Möchte die Verehrteste vielleicht das Rezept?«

»Wenn Sie bereit sind, es mir zu geben. Ich suche nur noch Block und Stift.«

Wir tranken den starken Kaffee und aßen die süßen, mürben Kekse. Meine Frau wühlte in ihrer Tasche und beförderte dann ein Kamel aus Olivenholz zu Tage, das sie der Alten reichte.

»Das stammt aus Bethlehem.«

»Aus der Stadt unseres Heilands?«

»Ja.«

»Seien Sie gesegnet!« flüsterten Jarmilas Lippen, wobei sie das Kamel ans Herz drückte.

Nach einiger Zeit erschien Dr. Fröhlich auf dem Bahnsteig. Er blieb neben uns stehen und bemerkte ungehalten: »Sie sind ja noch immer hier.«

»Sie werden wohl einen Räumungsbefehl gegen uns ausstellen lassen müssen.«

»Sie beleidigen mich!«

»Verschwinde, du Blutsauger!« schrie Jarmila ihn an.

»Hüte deine Zunge, Närrin! Ich bin gekommen, um den Herrschaften zu helfen.«

Ich übersah ihn einfach und nahm einen weiteren Schluck Kaffee. Dr. Fröhlich ging an uns vorüber und verschwand im Dienstraum des Bahnhofsvorstehers.

»Alter Ziegenbock!« grinste Jarmila.

Um 15.20 Uhr stieg ich auf die Gleise hinab und legte das Ohr an den rostigen, schweigenden Schienenstrang. Gegen 15.30 Uhr kamen der Stationsvorsteher und Dr. Fröhlich zu uns. Der Vorsteher teilte uns mit, daß der Nachmittagszug heute nicht kommen werde.

»Nun übertreiben sie es!« bemerkte meine Frau mit einem Anflug von Sorge in der Stimme.

»Was ist passiert?« fragte ich.

»Es hat einen Unfall gegeben und nun ist die Strecke blockiert.«

»Ist jemand verletzt worden?«

»Noch weiß man nichts Genaues.«

»Wann ist mit dem nächsten Zug zu rechnen?«

»Um halb sieben, falls es gelingt, die umgestürzten Waggons zu bergen. Die Kräne sind veraltet, und es fehlt uns an Ersatzteilen. Oder um zwei Uhr nachts. Spätestens aber morgen früh um 11.28 Uhr.«

Der Vorsteher kehrte in seinen Dienstraum zurück, während der Rechtsanwalt uns aus sicherer Entfernung weiter beäugte, weil er offenbar befürchtete, Jarmila könne ihn anspucken.

»Die Nacht über bleibe ich nicht hier«, sagte meine Frau auf hebräisch.

»Ich wäre glücklich, wenn Sie bei mir nächtigten. Ich habe zweieinhalb Zimmer. Mein Enkel und seine Frau, ihre drei Kinder und der Hund wohnen bei mir. Aber es wird sich auch noch Platz für Sie beide finden lassen.«

»Vielen Dank, meine Dame. Aber die Einladung können wir nicht annehmen.«

»Weshalb denn nicht?! Ich werde Ihnen zu Ehren eine kleine Feier organisieren. Es ist schon Jahre her, daß ich so ehrenwerte Gäste bei mir zu Hause hatte.«

»Seien Sie uns nicht böse. Aber wir werden hier auf den Abendzug warten.«

»Tommy hat einen wichtigen Termin beim österreichischen Radio«, kam mir meine Frau zur Hilfe.

»Ich hätte Ihnen unsere Ehebetten überlassen«, sagte die Alte wie ein junges Mädchen, deren Geliebter ihr Werben nicht erhört.

»Wir werden Sie aber das nächste Mal besuchen«, versprach ich.

»Na denn, auf bald! Die Thermoskanne lasse ich Ihnen.« Frau Jarmila drückte meine Hand mit kurzem, schmerzhaftem Händedruck, verabschiedete sich kühl von meiner Frau, raffte ihr ausladendes Kleid und verließ eilends den Bahnsteig.

Kaum war sie gegangen, näherte sich uns Dr. Fröhlich mit vorsichtigen Schritten und sagte: »Ein Bekannter von mir, ein Ingenieur, besitzt einen Škoda und wäre bereit, Sie nach S. zu fahren. Gegen zwanzig Dollar zuzüglich Benzinkosten. Von dort könnten sie den Eilzug nach Wien nehmen. Wenn Ihnen das zuviel ist, geben Sie ihm nur fünfzehn, und ich zahle die Differenz.«

»Und setzen es auf die Spesenrechnung.«

»Ich habe bereits gesagt: Ich bin daran interessiert, Ihnen zu helfen.«

»Erwarten Sie, daß ich mich entschuldige?«

»Kunden, die meine Dienste kostenfrei in Anspruch nehmen, sind immer undankbar. Kommen Sie, werte Herrschaften, mein Freund wartet. Er hat seiner Frau versprochen, bis zum Abendessen wieder zuhause zu sein.«

»Sagen Sie ihm, er soll vor unserem Haus anhalten. Ich will mich verabschieden.«

»In Ordnung. Nur ..., machen Sie keinen Ärger!«

Wir nahmen unser Gepäck auf und folgten ihm zu dem schwarzen Škoda.

Der Rechtsanwalt teilte seinem Bekannten meine Bitte mit, worauf dieser nickte, sich eine Zigarette entzündete und den Wagen anließ.

»Entschuldigen Sie bitte, aber der Rauch stört uns. Wenn Sie während der Fahrt nicht rauchen, bekommen Sie in S. eine Schachtel Kent von mir.«

Der chauffierende Ingenieur blickte mich verdrossen an und drückte die Zigarette aus.

»Verwöhnt sind Sie«, grinste Dr. Fröhlich. »Gehaben Sie sich wohl! Und geben Sie acht auf sich!«

Der Fahrer bremste vor dem Haus, und ich zwängte mich aus dem beengten Wageninneren. Dann stand ich da und betrachtete die Läden, die Schilder, den herrschaftlichen Eingang, die Fenster und Simse, den kleinen Balkon mit den Blumenkästen, in denen Petunien blühten, und schließlich die Mansarde.

Meine Frau kauerte auf dem Rücksitz und beobachtete mich besorgt, unschlüssig, ob sie mir nicht besser Gesellschaft leisten oder mich für einen Moment allein lassen sollte. Am Ende stand sie neben mir, nahm meine Hand in die ihre und sagte kein Wort. Der Fahrer drehte den Kopf und betrachtete uns wie ein trauerndes Paar, das sich nicht von dem Grab trennen mag. Ich machte ihm ein Zeichen, er könne sich eine Zigarette anstecken, worauf er mir dankte, aus dem Wagen stieg und gierig zu rauchen begann, wobei er perfekte Rauchkringel in den bewölkten Himmel aufsteigen ließ.

Am 1. September 1939 nahm Mutter einen Männerregenmantel von einem der Ständer im großen Laden, holte das noch verbliebene Geld aus der Kasse, sperrte die Tür zu und stieg in die Wohnung im ersten Stock. Sie packte einen Rucksack, den Vater und sie bei ihren Wanderungen in den Beskiden benutzt hatten, ließ einen letzten Blick durch die mit Möbeln und persönlichen Gegenständen gefüllten Räume streifen, überlegte einen Moment und nahm dann den Gobelin, den sie in ihrer Jugend gestickt hatte, aus dem Rahmen, faltete und stopfte ihn in den prallvollen Rucksack, schlug die Eichentür hinter sich zu und verließ das Haus. Sie trat auf die Straße und schwor sich, nicht zurückzuschauen, doch als sie schon fast bei der Brücke war, wurde das Verlangen übermächtig, und wie Lots Frau fuhr sie herum und betrachtete mit sehnsüchtigen Blicken das Haus, das einmal ihr Zuhause gewesen war.

Als wir schon im Begriff waren zu fahren, bemerkte ich auf der anderen Straßenseite eine Frau, die mir bekannt vorkam. Ich zögerte einen Moment und winkte ihr dann zu.
»Wer ist das?« fragte meine Frau verwundert.
Die Frau berührte einen Greis, der vor dem Schaufenster stand und die Auslagen betrachtete, leicht an der Schulter. Mit den Augen taxierte er ihren Körper und machte dann eine fragende Geste: Wieviel? Die Frau antwortete ihm, und die beiden begannen zu feilschen. Am Ende hatten sie sich offenbar geeinigt, denn der alte Mann hakte sich bei ihr unter und gemeinsam betraten sie unser Treppenhaus.
»Kennen Sie sie?« fragte ich unseren chauffierenden Ingenieur.
»Jeder hier kennt Bertha«, erwiderte er.

Im Zug von S. nach Bratislava gab es einen Speisewagen, aber wir begnügten uns mit dem inzwischen lauwarmen Kaffee von Frau Jarmila. Der Zug durchquerte Tannenwälder und zog an Ferienhäuschen vorüber, ließ Weiden und Seen hinter sich, auf denen Blesshühner und Enten schwammen. In der Ferne konnte ich die Höhenzüge der Tatra ausmachen. Der Schaffner, ein Mann mit rosafarbenen Wangen, kontrollierte unsere Fahrscheine und fragte auf englisch, ob wir interessiert seien, österreichisches Geld zu kaufen.
»Nein, danke«, sagte ich und gab ihm die Zigarettenschachtel, die noch übrig war. »Vielleicht kennen Sie einen Schaffner ...?«
»Wie ist sein Name?«

»Er hat uns seinen Namen nicht genannt. Er war einige Jahre älter als Sie, trug eine Brille, war von korpulenter Statur und hatte eine breite Stirn. Er erzählte uns, er sei Junggeselle und Hobbyarchäologe.«

»So einen kenne ich nicht.«

»Gibt es im Zug noch einen Schaffner außer Ihnen?«

»Nur Jaroslav. Der ist verrückt nach Schmetterlingen. Hat Familie und läuft ständig über die Felder, schwenkt seinen Käscher, fängt Schmetterlinge und sticht ihnen Stecknadeln in den Rücken. Einmal hat er mir voller Stolz seine Sammlung gezeigt, und ich hab ihm gesagt: ›Briefmarken solltest du lieber sammeln!‹ Archäologie? In der Schule hat man uns beigebracht, nach vorn zu schauen, in die Zukunft.«

Ganz allmählich begann es dunkel zu werden. Meine erschöpfte Frau schlief ein und lehnte sich an meine Schulter. Ich weiß nicht, was sie im Traum sah, aber von Mal zu Mal trat ein Lächeln auf ihre Lippen und breitete sich von dort aus. Ich blickte auf die nun dunklen Felder, lauschte dem Rattern der Räder und spürte, wie ich von T. getrennt wurde. So wie damals, als der Arzt (Großvater hatte kein Vertrauen in die Hebamme) die Nabelschnur durchschnitt, um mich und Mutter zu trennen. Gleichzeitig spürte ich, daß ich, je mehr ich mich von T. entfernte, Jerusalem näher kam. Ich wußte, daß am Bahnhof in Jerusalem, dieser heruntergekommenen Endstation, von der aus man die Reise nicht fortsetzen kann, keine Musikkapelle auf mich warten würde. Aber wer braucht schon eine Feuerwehrkapelle, wenn er wie Odysseus nach Attika zurückkehrt?

Meine Apfelbaumplantage

Früh am Morgen, wenn das Chule-Tal noch unter bleierner Finsternis schlummerte, richteten wir immer den Blick auf die Golanhöhen, die wie ein schwarzer Riese über den kleinen Siedlungen im Tal schwebten, und sahen die syrischen Kanonenrohre aus den in die Felsen gehauenen Stellungen emporragen.

Das war im Frühling des Jahres 1956. Ich war mit meinen Kameraden zum Arbeitseinsatz im Kibbuz Chulata stationiert. Eines Tages, als die rothaarige Anat in der Kleiderkammer die sauberen, frisch gebügelten Uniformen glatt strich, die aus der Armeewäscherei eingetroffen waren, hörten wir zu unserem Erstaunen, daß in dieser Woche keine Bündel mit schmutziger Wäsche abgegeben werden dürften.

»Warum?« fragten wir.

»Darum«, sagte Uzi, der Kompanieführer, und beließ es dabei.

Wir versuchten, etwas aus Uzi herauszubekommen, aber er stellte sich taub und meinte nur, sobald er etwas zu sagen habe, werde er die Kompanie zusammenrufen und eine offizielle Erklärung abgeben. Und wir sollten aufhören, ihn zu löchern, weil es zwecklos sei. Und ihn in Ruhe lassen. Und jetzt endlich abschwirren, das sei ein Befehl! Die ausweichende Antwort und Uzis Zorn machten uns klar, daß etwas Ernstes im Gange war. Wir waren angespannt und suchten fieberhaft nach einer undichten Stelle. Am Ende kam jemand auf den Gedanken, Anats beste Freundin zu einem Gespräch unter Frauen in die Kleiderkammer zu schicken. Bald darauf pfiffen die Spatzen das Geheimnis bereits von den Dächern, das Anat laut Befehl nicht hätte preisgeben dürfen: Aus dem Truppenkommando des Nordabschnitts war die Anweisung gekommen, unsere Kompanie habe sich innerhalb von achtundvierzig Stunden nach Süden in Marsch zu setzen, zur ägyptischen Grenze.

Der Befehl brachte mein Leben durcheinander und ließ mich eine unbestimmte Angst verspüren. Ich war an Wachgänge gewöhnt, immer den Zaun entlang (der rostig und durchlöchert den Kibbuz umgab), an die Weinlese und das Aufladen der mit Trauben gefüllten Kisten, an das Frühstück im Schuppen im Weinberg (mit frischem Gemüse, Sahne aus dem Krug und dünnhäutigen Trauben der Marke Madlen), an die Stunden wenig erholsamen Mittagsschlafs in der glühenden Baracke, an die Gemeinschaftsdusche im Freien, durch deren löchrige Wand man einen Blick auf die Mädchen riskieren konnte, an den wehmütigen Klang der russischen Lieder, an die Volkstänze, paarweise oder in einem großen Kreis, an die endlosen Diskussionen über den richtigen Weg, sich als sozialistische Pioniere selbstzuverwirklichen. (Diese Diskussionen standen schon ganz im Zeichen der großen Desillusionierung, nachdem die Wahrheit über die Morde an jüdischen Schriftstellern und Künstlern in der Sowjetunion bekannt geworden war, über den Ärzteprozeß und die übrigen Greueltaten von Väterchen Stalin.)

In der Region, wo die Wüste Negev und die Sinaihalbinsel zusammentreffen, waren damals die Fedajin tätig, die Terroristen jener Zeit. Tag für Tag hörten wir von blutigen

Aktionen gegen landwirtschaftliche Siedlungen, von Hinterhalten am Wegesrand und Verminungen. Deshalb bedeutete der für Aufregung sorgende Befehl, uns in Richtung Südabschnitt in Marsch zu setzen, für mich fast so etwas wie die Verlegung an die Front.

Ich hasse es, die Koffer zu packen und mein Bündel zu schnüren. Ich fürchte mich davor umzuziehen. Wer wie ich in einem Viehwaggon von Ghetto zu Ghetto transportiert worden ist, kann mein Problem verstehen. Ich weiß, daß ich in einer anderen Zeit lebe, an einem anderen Ort und unter anderen Umständen, und daß ich eigentlich dankbar sein sollte und sagen: *Lehavdil!* (Welch ein Vergleich!) Aber als ich hörte, daß man uns verlegte, bekam ich heftige Bauchschmerzen, stürzte zur Toilette und schaffte es nur mit Mühe bis zur Kloschüssel.

Am Abend überflog ich den Arbeitsplan, der an der Tür zum Speisesaal aushing, und stellte fest, daß ich zum Pflanzen einer neuen Apfelbaumplantage eingeteilt war.

Am nächsten Morgen um halb fünf kletterten wir, der süße Grießbrei war kaum hinuntergeschlungen, auf den Anhänger des Traktors und ließen uns auf dem staubigen, durch die Hitze rissig gewordenen Schlammpfad zu dem Feld schaukeln, das für die Pflanzung vorgesehen war. Im Osten erhoben sich die Höhenzüge des Golan wie erloschene Vulkane, die wieder auszubrechen und das Tal mitsamt seinen Bewohnern zu begraben drohten. Ich hob die Augen und bemerkte die dunklen Kanonenrohre der Syrer, die sich vor dem allmählich aufhellenden Himmel abzeichneten.

Während ich damit beschäftigt war, die Mulden auszuheben, die Setzlinge aus ihren rostigen Blechbüchsen zu ziehen, sie einzusetzen und mit frischer Erde zu bedecken, die zuletzt mit dem schweren Schuh festgestampft wurde, blickte ich immer wieder in das gleißende Licht, das sich über den schwarzen Höhenkamm ergoß.

In jenen Augenblicken, als ich zusammen mit meinen Kameraden, die neben mir arbeiteten, über die Setzlinge gebeugt stand und schon etliche Reihen winziger Bäumchen die zarten Spitzen ihrem ersten Morgen entgegenstreckten, kam mir mit einem Mal ein lästiger Gedanke: Wo würde ich sein, wenn diese Bäume in drei oder vier Jahren Äpfel trügen? Für wen pflanzten wir diese Apfelbäume?

Als ich darüber nachdachte und meine Hände für einen Moment kraftlos herabhingen, kam mir eine Zeile des Dichters Nathan Alterman, des weisen Nathan, in den Sinn, aus dem Gedicht »Sterne draußen«, in dem es heißt, draußen auf den Sternen ...

»Lebt man am Abgrund,
aber voll und stark.«

»Leben am Abgrund«, sagte ich mir mit wachsendem Zorn. »Aber voll und stark.« Das war offenbar unsere wahre Bestimmung. Und ich fuhr fort, die Setzlinge auszubringen.

An jenem Morgen pflanzten wir 1500 Apfelbäume. Als wir die Arbeit beendet hatten, brachte der für den Obstanbau zuständige Genosse einen Kasten Bier, wir tranken und ließen die neuen Bäume hochleben.

Am nächsten Tag wurden wir nach Be'erotaim verlegt, an die Grenze zum Sinai. Einige Wochen danach führten die Ägypter ein Manöver in Divisionsstärke etwa fünf Kilometer von unserem Stützpunkt entfernt durch. Wir waren ungefähr sechzig, Soldaten und Soldatinnen, und vor uns standen gut dreißigtausend ägyptische Soldaten, zuzüglich einiger gepanzerter Regimenter und Artillerie. Der Geruch von Krieg hing in der Luft. Der Oberbefehlshaber, Moshe Dayan, kam eilends herbei, um uns zu ermutigen: »Freunde, ich bin darauf angewiesen, daß ihr die ägyptische Armee hier festhaltet, bis ich die Reserve mobilisiert habe. Und macht euch keine Sorge, es wird schon werden!« Als Verstärkung hatte uns Moshe Dayan zwei Entertainer des Militärs mitgebracht, die uns noch in derselben Nacht das Lied *Ya, Ya, Mishlati* (Ja, ja , mein Bunker) beibrachten.

Die ägyptische Truppen haben uns nicht angegriffen. Aber am 29.10.1956 begann die »Operation Kadesh«, besser bekannt als der Sinaikrieg. Danach sollten noch vier weitere Kriege über uns hinweggehen, die Steine der Intifada und zuletzt die Skud-Raketen aus dem Persischen Golf. Man lebt am Abgrund.

Im Laufe der Jahre, Jahre des Studiums und der Arbeit für den Rundfunk, Jahre des Familienlebens und der Erziehung von Kindern und Enkeln ... im Laufe dieser Jahre also habe ich mehr als nur einmal an meine Apfelbäume denken müssen. Im Winter 1989 wurde ich eingeladen, am Tel-Chai-Seminar über eines meiner Jugendbücher zu referieren. Da ich eine Verbindung zu den Schülern herstellen wollte, die gekommen waren, mich zu hören, erzählte ich ihnen die Geschichte von den Apfelbäumen, die ich dort, in *ihrem* Tal, damals gepflanzt hatte.

Nach dem Vortrag kam eine Lehrerin zu mir und sagte: »Shmu'el, ich habe mich dem Kibbuz Chulata angeschlossen, drei Jahre, nachdem du von dort abgezogen worden bist. Ich habe die Äpfel von den Bäumen gepflückt, die du gepflanzt hast.«

Von Bergen-Belsen nach Jerusalem

Mutter sitzt auf dem Balkon, blickt auf den von üppigem Grün eingerahmten Spielplatz in Naharia und strickt. Aus Wollresten strickt sie bunte Pullover und Socken für die Soldaten an der Nordgrenze, für die Greise in den Altenheimen und die geistig behinderten Kinder in den Pflegezentren. Mit ihren schlanken, sehnigen, von braunen Altersflecken gesprenkelten Fingern führt Mutter die Stricknadeln in rhythmischen, geübten Bewegungen, mit einem besessenen Eifer, den sie sich in der Werkstatt im Ghetto zugelegt hat.

»Wenn ich stricke, kommen sie zu mir«, läßt sie mich an ihren Visionen teilhaben. »Am Sonntag kommt meine Mutter Bluma, eingehüllt in das Wolltuch, das sie an dem Tag trug, als wir uns im Ghetto trennten. ›Geh nur, Hilde. Weine nicht. Gott wird uns beschützen. Hauptsache, du und Tommy werdet gerettet! Geh, Walter wartet auf euch.‹ Am Montag erscheint meine Schwester Rega, die wir Rivka nannten. Sie erzählt mir von Markus und von der kleinen, rotwangigen Ruthi, die in deinem Alter war. Erinnerst du dich noch an Ruthi?«

»Immer wenn ich Ruthi an ihren Zöpfen zog, hat sie geschrien: ›Geh weg! Das tut weh. Du bist ja nur glücklich, weil dein Vater in Erez Israel ist und mein Vater mit dem Gesicht eines Verrückten herumläuft, seit dem Tag, als die Deutschen Mutter geholt haben.‹ Dann brach sie in Tränen aus und lief davon. Doch nur, um bald zurückzukommen und von mir zu verlangen, ich solle ihr schwören, niemals wieder, nicht ein einziges Mal mehr, ihre Zöpfe anzufassen. Was ich sogleich tat. Worauf sie sich zögerlich die Tränen fortwischte und sagte: ›Dann sind wir wieder Freunde!‹«

»Am Dienstag sitzt meine älteste Schwester Rosl neben mir, die wir Rachel-Lea riefen. Ihr Mann hieß Jolek und sie hatten zwei Töchter, Bascha und Ruthi. Ruthi die ältere. Am Mittwoch kommt meine Schwester Rosa, die Schönste der vier Biegeleisen-Schwestern. Sie war groß und schlank, mit blondem Haar, das sich über ihre Schultern ergoß. Rosa sah aus wie eine Goja. Die Kunden im Laden warteten immer, bis Rosa frei wurde und sie bedienen konnte. Mein Vater, Selig, paßte genau auf, daß Rosa mit den jungen Burschen keine Blicke tauschte, und wenn diese versuchten, ihr schöne Augen zu machen, knurrte er: ›Wieg die Birnen ab und setz sie auf die Rechnung. Und red nicht mehr als nötig!‹ Rosa hat dann Shimek geheiratet, der sie im Laden gesehen, sich in sie verliebt hatte und ihr von da ab keine Ruhe mehr ließ. Er kaufte Obst und Süßigkeiten und versuchte, ein Treffen mit ihr zu vereinbaren. Bis Rosa ihn schließlich erhörte und ihm zuflüsterte: ›Soll sein.‹ Und Vater gab seine Zustimmung. Ich bin nicht sicher, daß Rosa Shimek geliebt hat, aber er verehrte sie. Er kaufte ihr Seidenkleider, Schuhe aus Schlangenleder und einen Mantel mit Fuchsschwanz. Sie hatten einen Sohn, Romek. Auch er ist ... Am Donnerstag ist Großvater Siegmund an der Reihe. Du warst sein erster, einziger und von ihm über alles geliebter Enkel. Einmal hat er das Kindermädchen entlassen, weil sie mit einer Freundin geplaudert hatte, und unterdessen der Kinderwagen, mit dir darin, an einer seichten Stelle in die Olsa gerollt war. Siegmund war ein geschickter Kaufmann und ein kluger, großherziger Mensch.

Habe ich dir schon einmal erzählt, wie wir Onkel Jakob besuchen gegangen sind, der im polnischen Teil von Teschen wohnte?«

»Noch so ein Märchen, Mutter?«

»Ich erzähle dir keine Märchen!« ist Mutter beleidigt. »›Zieh den Regenmantel an, Hilde‹, hat Großvater Siegmund eines Tages zu mir gesagt. ›Warum? Es besteht nicht die geringste Aussicht auf Regen.‹ ›Tu, worum ich dich bitte‹, befahl er mir in scharfem Ton, der mich immer aufbrachte. Aber ich habe nicht mit ihm diskutiert, habe mir also den Regenmantel um die Schultern gelegt und geschwitzt. Am Kontrollpunkt vor der Brücke über die Olsa fragten uns die polnischen Gendarmen, ob wir Wertgegenstände oder Geld bei uns hätten. Siegmund verneinte. Sie durchsuchten unsere Taschen und Kleidung, als habe ihnen jemand zugeflüstert, daß wir versuchten, etwas zu schmuggeln. Siegmund scherzte mit den Gendarmen, bis die die Durchsuchung beendet hatten und uns die Brücke überqueren ließen. Als wir bei Onkel Jakob angekommen waren, zog Siegmund den Gürtel des Regenmantels heraus, trennte ihn auf und brachte fünfhundert Dollar zum Vorschein. ›Das ist für dich, Jakob. Damit du ein bißchen Geld für schlechte Zeiten hast. Wie es heißt, haben wir bald Krieg.‹«

Mutter verstummt und blickt mich mit ihren blauen Augen an. Dann lächelt sie und winkt mit ihrer kleinen, geröteten Hand einem äthiopischen Kind zu, das auf dem Spielplatz schaukelt.

»Freitag ist der Tag meines jüngeren Bruders Bobbi, der in Israel gestorben ist. Er hätte noch zehn, ja zwanzig Jahre leben können. In seinen letzten Lebensjahren hat er ständig gebetet und ist gläubig geworden. So als wollte er das Gebet unseres Vaters fortführen. Über jede noch so kleine Sache geriet er in Aufregung und brach in Tränen aus. ›Bobbi, was ist mit dir?‹ habe ich ihn immer wieder gefragt. ›Das ist die Freude, Hilde. Wenn ich den Enkel im Arm habe, kann ich nicht anders.‹ Vielleicht spürte er ja schon damals, was wir noch nicht einmal ahnten.«

So ergeht es ihr am Tage. In den Nächten hingegen erwacht Mutter verstört und gerädert, nach einem panischen Lauf über die umgepflügten Felder, verfolgt von zwei polnischen Jungen, die sie als »*Zydówka*«, als Jüdin, erkannt haben und beschließen, sie an die Polizei auszuliefern, um die Belohnung zu kassieren. Oder sie hört von ihrem Schwager Markus, wie man ihn von Rega getrennt und seine Frau verschickt hat, nach ... Sie versucht, den kranken und verzweifelten Mann zu trösten, findet jedoch nicht die passenden Worte und wacht schließlich in Tränen gebadet auf. Sie unterdrückt die Tränen und den aufsteigenden Schrei, um Vater nicht zu wecken, der friedlich neben ihr schläft. Sie versucht, sich selbst zu ermutigen: ›Du bist hier an einem sicheren Ort, Hilde, im jüdischen Staat. Wir haben eine Armee. Und Tommy lebt mit seiner Familie in Jerusalem. Wenn nötig, kannst du auch den jüngeren Sohn anrufen, Shlomo.‹ Oder sie steht immer wieder vor jenem Gestapo-Offizier und fleht ihn an, er möge ihr erlauben, Ruthi mit nach Palästina zu nehmen. Mutter erzählt mir nicht von ihren nächtlichen Alpträumen. Sie versucht mich zu schützen, so wie sie mir im Gefängnis von Krakau die Ohren mit ihren warmen Händen zugehalten hat, mich im Ghetto Rzeszów unter ihrem Kleid versteckt oder mich auf der Pritsche im KZ Bergen-Belsen gewärmt hat.

»Ich muß mal schnell«, unterbricht sie mit einem Mal unser Gespräch. »Schon wieder der verdammte Magen.«

In einer Winternacht in Bergen-Belsen, als sie an Durchfall litt und sich nicht länger beherrschen konnte, stieg Mutter von der Pritsche und lief, bevor sie ohnmächtig zu werden drohte, zum Abort. Doch sie schaffte es nicht mehr bis zu dem ersehnten Balken, der über dem stinkenden Loch lag, und entleerte sich vor der Barackentür in den Schnee. Als der Blockälteste früh am anderen Morgen die Tür aufstieß, sah er den gefrorenen Haufen und kochte vor Wut: ›Ihr Schweine! Derjenige, der vor unsere Tür geschissen hat – raustreten!‹ Niemand war bereit, die schändliche Schuld auf sich zu nehmen. Dann aber trat Mutter zu ihm und sagte leise: ›Viele hier leiden an Dysenterie. Wenn es Ihnen nichts ausmacht –, ich bin bereit, den Haufen zu vergraben, bevor die Deutschen etwas merken und uns alle bestrafen.‹ ›Warum ausgerechnet du? Der Stinker, der dahin geschissen hat, soll saubermachen!‹ schrie der Blockälteste. Doch dann ließ er sich erweichen. ›In Ordnung. Schaff den Dreck weg und grab schön tief, damit keine Spuren zurückbleiben. Wenn du es ordentlich machst, sorge ich dafür, daß du eine Portion Suppe als Belohnung bekommst.‹

Mutter erhebt sich vom Stuhl neben dem Fikus, der neue Zweige bekommen hat, und eilt zur Toilette. Ich spüre ihre Magenschmerzen, ihre Ängste und die Scham. Ich sage nicht: »Es wird schon werden, Mutter!« weil es nicht in meiner Macht steht, ihre Verfolger in die Flucht zu schlagen.

Woran erinnere ich mich wirklich noch von all dem, das in den Jahren 1939 bis 1945 über mich hinweggegangen ist? Ich meine das Gesehene. Die Gesichter der Menschen, die die Handkarren mit den gestapelten Leichen zogen, die eingefallenen Wangen, die verloschenen Augen, die Ausrufe von Freude und Gier, wenn der Suppenkessel in die Baracke gebracht wurde, die schmerzverzerrten Mienen während der endlosen Stunden des Appells und Abzählens, die Worte, die durch den Zaun geflüstert wurden, die Schreie in der Nacht von der Nachbarpritsche, die Kälte unter der einen dünnen, kratzigen Wolldecke, den beißenden Uringeruch in der Baracke, den sauren Atem der Hungernden und den Gestank der brennenden Leichen im Krematorium. Da ich diese Zeilen schreibe, sehe und höre ich, rieche und schlinge die säuerliche Suppe in mich hinein, auf der Stücke von gelben Futterrüben und Kartoffelschalen schwimmen ... Und ich fürchte mich vor den Hunden.

An was erinnere ich mich tatsächlich noch, was kann ich meinem Gedächtnis entlocken, rekonstruieren und was weiß ich nur aus Mutters Erzählungen und aus ihrer Autobiographie *Hand in Hand mit Tommy*, die ich übersetzt habe?

Während der Zeit, als wir uns in Ivanitz versteckt hielten, pflegte unsere polnische Gastgeberin, Frau Kenerova, uns immer zum Familienessen am Weihnachtsabend einzuladen. Ich sehe ihren Sohn Josek noch, wie er im Hof eine Gans fängt und ihren Bauch betastet, um zu prüfen, ob sie auch fett genug und dem Festmahl angemessen ist. Wenn er mit dem Ergebnis zufrieden war, drückte er den schnatternden Kopf auf den Hackklotz, schwang die Axt und ließ sie auf den schneeweißen Hals herabsausen. (Höre ich wirklich noch das Pfeifen der Axt, das dumpfe Echo beim Aufprall des Eisens auf den Holzklotz und das Gackern, das in der klaren, kalten Luft erfror?) Ich sehe den Blut spritzenden Kopf, den enthaupteten Korpus, der auf dem geharkten Boden zappelt, und die Blutlache im Schlamm. Ich habe den Geschmack der Backkartoffeln noch im Mund und das Brennen der scharfen rote Beete, die bei jenem Festmahl aufgetischt wurde. Der Geschmack der gebratenen Gans jedoch ist längst verflogen.

In Ivanitz streifte ich oft mit Ruthi durch das Wäldchen auf dem Hügel. Wir sammelten Pilze und süße Brombeeren. Vor einiger Zeit warf mein Enkel seinen Ball in den Hof der Nachbarn. Als ich versuchte, den Ball aus dem Gebüsch zu befreien, blieb ich an den Brombeersträuchern in der Hecke hängen, zerkratzte mir die Hand und stellte fest, daß die Früchte reif waren. Bis zu dem Ball konnte ich nicht vordringen, aber ich habe händeweise Brombeeren in mich hineingestopft und in ihnen diesen süßen, saftigen Geschmack wiedergefunden, den ich vor fünfzig Jahren gekostet hatte. Ich wurde an Ruthis schwarze, ordentlich gekämmte Haarpracht erinnert, den Scheitel auf der linken Seite, als ich ganz leicht ihre Zöpfe berührte. Es geschieht häufig, daß ich Ruthi sehe und mich frage, warum sie ermordet wurde und ich lebe.

Ich erinnere mich nicht, wie ich neben meiner Mutter, die an Typhus erkrankt war, stand und schrie: »Nicht sterben, Mutter!« Während ich dies schreibe, sehe ich das nackte Zimmer im Ghetto vor mir, die mit Kartons vernagelten Fenster und den von Federn bedeckten Fußboden. Ich weiß, daß Großmutter Bluma Ruthi und mich zu meiner sterbenden Mutter drängte und uns befahl, sie nicht einschlafen zu lassen. Wir waren verstört und wollten davonlaufen, aber wir brüllten, weinten und baten, so wie Kinder nun mal bitten, in der unschuldigen Hoffnung, daß jemand es hört: »Nicht sterben, Mutter!« Und ganz vielleicht haben wir mit unserem Gebet den Todesengel ja vertrieben. Jener Augenblick war offenbar so furchterregend, daß es mir unmöglich war, ihn aus dem Ghetto Rzeszów mit nach Jerusalem zu nehmen.

Ich erinnere mich an Bergen-Belsen. Wäre ich ein Maler, würde ich die Holzbaracken zeichnen, an deren Bretterwänden das Harz herunterlief, die Wachtürme, die breite staubige Lagerstraße und die graue Lagerküche, die sich gegenüber den Baracken befand, mit Haufen von gelben Futterrüben zu beiden Seiten.

Im April 1995, zum fünfzigsten Jahrestag der Befreiung des Lagers, kehrte ich in das zu einem würdevollen Erinnerungspark gewordene Bergen-Belsen zurück. Eine gepflegte, saubere Grünanlage mit einem Teppich aus rötlichem Heidekraut, einem Birkenwäldchen und einer Terrasse. Und einem Museum. Und einer Gedenksäule (genau an der Stelle, an der der Schornstein des Krematoriums stinkenden Qualm in den Himmel stieß). Und Grabplatten auf Massengräbern, in denen Menschen liegen, von denen ein erheblicher Teil erst nach der Befreiung gestorben ist: Hier ruhen fünftausend Tote. Hier dreitausend. Männer und Frauen, die einmal einen Namen hatten. Und Familien. Und Hoffnungen. Ich stand auf den Fundamenten von Baracke Nummer zehn, in der wir gewohnt hatten, und blickte über den schmalen Schotterpfad, der sich durch das verwunschene und von Schatten bevölkerte Wäldchen wand. Im Verlauf der offiziellen und sehr feierlichen Gedenkstunde wurde ich der Reden überdrüssig und blickte in den wolkenlosen Himmel, wo ich ein Paar Greifvögel über dem Feld des Todes kreisen sah, und freute mich, daß auch die Vögel sich erinnerten.

Die Gesichter der deutschen Wachmannschaften sehe ich nicht, auch wenn ich vom Glanz ihrer Stiefel noch geblendet bin, ihren schneidigen Ton im Ohr habe und die heiseren, sich überschlagenden Schreie höre, die über Leben und Tod entschieden. Bis heute kann ich auf russisch das Lied »Es schlugen aus die Apfel- und die Birnbäume« singen. Am Stacheldrahtzaun stehend (dessen Dornen ich noch jetzt an den Fingern spüre) habe ich es von einem Häftling gelernt, der aus einem anderen Konzentrationslager, das beim Vormarsch der Russen aufgelöst wurde, nach Bergen-Belsen gekommen war.

Mich grämt, daß ich nicht in der Lage bin, mir das Gesicht jenes jungen Mannes in Erinnerung zu rufen, der Mutter den Proviantrucksack überließ, damals im finsteren und überfüllten Viehwaggon, in dem wir von Krosno nach Rzeszów geschafft wurden. Es tut mir so leid, daß ich immer wieder von ihm erzähle, der Sehnsucht folgend, mich diesem wunderbaren Mann zu nähern, und in der Hoffnung, ihn mit meinen Worten vielleicht einmal zu berühren.

Wenn ein Holocaustüberlebender gefragt wird: *Wie haben Sie überlebt?*, schrumpft er in sich zusammen wie ein Mensch, den man beleidigt oder zu Unrecht beschuldigt hat, und versinkt in beharrliches Schweigen. Viele der Überlebenden haben so Jahrzehnte lang geschwiegen, bis ihre Enkel gekommen sind und ihnen eben diese Frage gestellt haben, mit heller, unschuldiger Stimme, und so die Dämme gebrochen und die schlummernde Erinnerung geweckt haben. Als wir im Juli 1945 nach Erez Israel kamen, waren die Bewohner des jüdischen Jischuws* mit dem Kampf gegen Engländer und Araber beschäftigt, mit dem Aufbau des Landes und den fieberhaften Vorbereitungen für die sich anbahnende Staatsgründung. Dann brach der Unabhängigkeitskrieg aus, in dem fast jede Familie einen Angehörigen verlor. Viele weigerten sich in jenen Tagen, den tragischen Geschichten der Holocaustüberlebenden Gehör zu schenken. Wer hatte denn die Kraft, in die gehetzten Augen dieser Menschen zu blicken und dort den stummen Schrei zu lesen: Warum habt ihr nicht mehr getan, um eure Eltern und Brüder zu retten? Die Älteren hatten Antworten parat: Über dreißigtausend

Freiwillige aus dem Jischuw hatten sich zum Dienst in der britischen Armee gemeldet; es hatte eine erez-israelische Brigade gegeben, die an der italienischen Front gekämpft hatte; todesmutige Fallschirmspringer waren hinter den deutschen Linien abgesprungen, und einige von ihnen waren in Gefangenschaft geraten und erschossen worden. Statt dessen konnte man die britische Regierung beschuldigen, (die das »Weißbuch« veröffentlicht hatte und Juden, die aus dem besetzten Europa fliehen wollten, den Weg in das unter ihrer Verwaltung stehende Mandatspalästina versperrte). Oder aber die Alliierten, die gewußt hatten, daß die Nazis Juden vernichteten, und gleichgültig gegenüber dem Schicksal der Opfer geblieben waren. Der unausgesprochene Vorwurf der Überlebenden zwang die Bewohner des Jischuws, sich zu verteidigen, und gebar am Ende jene boshafte Frage: Warum habt ihr euch wie Lämmer zur Schlachtbank führen lassen? (Ein Satz, der einem Aufruf des Dichters Abba Kovner entnommen ist, einem der Kommandeure des jüdischen Untergrunds im Ghetto Wilna). Die verstörten und in ihrem Selbstwertgefühl getroffenen Überlebenden suchten eiligst nach Rechtfertigung und erzählten von den Aufständischen im Warschauer Ghetto und den Partisanen in den Wäldern. Als die Bestürzung nachließ (die Schmach sollte nie ganz getilgt werden), begannen die Opfer, zögerlich zu erklären: Ihr seid nicht in der Lage, die Lebensbedingungen in den Ghettos und den Konzentrationslagern zu begreifen, den Umstand, daß die Juden weder Waffen noch einen Ort hatten, an den sie sich hätten flüchten können, da sie unter einer, ihnen feindselig gesonnenen, Bevölkerung lebten, die mit den Nazis kollaborierte. Ihr wißt nicht, daß selbst die Jungen, die ihre Familien in den Ghettos zurückließen, um sich den Partisanen anzuschließen, unter dem unverhohlenen Antisemitismus ihrer litauischen und polnischen »Kameraden« litten. (Aus erster Hand habe ich davon durch Ruz'ka Korczak erfahren. Unter anderem beschreibt sie in ihrem Buch *Flames in Ash* solche Anfeindungen.) Ihr versteht nicht, daß die Deutschen Kollektivstrafen verhängten, so daß ein Jude, der einen Deutschen tötete, Dutzende und Hunderte anderer Juden in Gefahr brachte. Ihr könnt nicht nachvollziehen, daß selbst, als die Juden bereits von Auschwitz und den Gasduschen wußten, sie nicht glauben mochten, daß es so etwas tatsächlich gab. Und daher ihre Hoffnung, solange sie nur in den Werkstätten und Fabriken arbeiteten und den Deutschen von Nutzen wären, würde es ihnen gelingen zu überleben.

Die natürliche Neigung, dem sehnsüchtigen Glauben an das Gute im Menschen den Vorzug zu geben, anstatt eine entsetzliche Realität zu akzeptieren, die im Widerspruch zu jeglicher menschlichen Logik stand, diese natürliche Neigung war es, die viele Juden die Gerüchte und konkreten Berichte ignorieren ließ, die Transporte gingen nach Treblinka und Auschwitz, gingen ins Gas. Mit anderen Worten: Auch die, die es wußten, weigerten sich, es zu glauben.

Wenn ich gefragt werde: *Wie haben Sie überlebt?* – schwanke ich, wie ich mich verteidigen soll, und was sich darauf antworten läßt, um am Ende zu versuchen, »das Wunder« mit einigen rationalen Erklärungen zu begründen:

»Meine Mutter war entschlossen, mich zu Vater nach Erez Israel zu bringen. Dieser Entschluß weckte überlebenswichtige Kräfte bei ihr, die sie in Momenten der Verzweiflung neuen Mut fassen ließen und ihre Sinne in Gefahrensituationen schärften. Mutter verstand sich auf Tricks, begab sich bewußt in Gefahr und riskierte manchmal, wenn sie spürte, daß es keinen anderen Ausweg mehr gab, auch mein Leben. Sie kämpfte selbst in Momenten noch weiter, in denen Menschen zerbrachen, die physisch stärker waren als sie. So gesehen läßt sich sagen, daß meine Mutter mich gerettet hat und ich zugleich ihr Leben rettete. Mutter trug einen Verlobungsring, auf dem ein wertvoller Diamant funkelte. Als der Krieg ausbrach, war ihr klar, daß, sollte sie auf der Straße als Jüdin erkannt werden, man ihr den Finger abschneiden und den Ring rauben würde. Sie streifte den Ring ab, wandte sich an einen Schuhmacher, den sie kannte, und bat ihn, den Diamanten aus seiner Fassung zu nehmen und ihn im Absatz ihrer Sandale zu verstecken. Die ganze Zeit über, die wir in dem polnischen Dorf untergebracht waren, trat Mutter bei jedem Schritt auf einen Diamanten, der mindestens zehntausend Dollar wert war. Als uns die Deutschen im November 1942 schließlich verhafteten, übergab sie die Sandalen und noch einige andere persönliche Dinge Frau Kenerova, der polnischen Bäuerin, bei der wir gewohnt hatten. Mutter vertraute ihr jedoch nicht an, daß sich im Absatz der einen Sandale ein Schatz verbarg. »Wenn wir an einem sicheren Ort sind«, sagte sie, »werde ich Ihnen schreiben, und vielleicht finden Sie ja einen Weg, mir die Briefe, die aus Palästina eintreffen werden, und die Sachen, die ich bei Ihnen lasse, zu überstellen.« Frau Kenerova bekreuzigte sich, umarmte uns und versicherte, sie werde uns die Post zusenden (sie wußte, daß wir auf die Zertifikate warteten). Außerdem versprach sie, auf unseren Besitz achtzugeben und für uns zu beten.

Der »sichere Ort«, an den man uns schickte, war das Gefängnis der Stadt Krosno. Von dort wurden wir in Viehwaggons ins Ghetto Rzeszów geschafft. Draußen herrschte tiefster Winter. Straßen und Höfe lagen schneebedeckt, und die Juden bekamen weder Kohlen noch Feuerholz. Im Ghetto wütete der Typhus und forderte unzählige Opfer. Zudem herrschte schwere Hungersnot. Dennoch gab es Juden, die sich einzurichten wußten und auch unter solchen Umständen leidlich gut lebten. Sie verkauften Schmuck, teure Gemälde, Pelze und Möbel an die Polen und bekamen dafür einen Bruchteil des tatsächlichen Sachwerts, in polnischem Geld und in Nahrungsmitteln. Wir jedoch hatten nichts zu verkaufen, so daß wir vor Kälte zitterten und allmählich Hungerbäuche bekamen.

Mutter mußte in der Werkstatt stricken und bekam mittags einen Teller dünne Suppe und zwei Scheiben Brot. Sie trank die Suppe in kleinen, wohl bemessenen Schlucken, aß eine Schnitte und hob die zweite für mich auf. Ich weiß nicht, wie oft sie die Hand nach der schwarzen, säuerlichen Scheibe Brot ausstreckte und zurückfuhr, als ihr meine hungrigen Augen in den Sinn kamen. Dann schalt sie sich selbst und ließ sich, für kurze Zeit zumindest, überzeugen, daß sie ja überhaupt nicht hungrig sei. Am Abend brachte sie mir die Scheibe in das kalte, modrige Zimmer, in dem ich auf sie und das Brot wartete. Noch heute tut es mir leid, daß ich damals ihr Brot gegessen habe. Ich tröste mich ein wenig mit der Tatsache, daß ich ein wohlerzogenes und diszipliniertes Kind war und niemals gefragt habe, ob es noch mehr gäbe. Als sie bemerkte, daß ich nur mühsam noch einen Fuß vor den anderen setzen konnte, beschloß Mutter zu handeln. Sie schrieb eine Postkarte an Frau Kenerova und bat, sie möge versuchen, die Kleidungsstücke und die Sandalen, die Mutter bei ihr zurückgelassen hatte, zum Ghettotor zu bringen. Einer der jüdischen Aufseher, der von Zeit zu Zeit im Auftrag des deutschen Werkstattleiters ins polnische Viertel mußte, hatte Mitleid mit ihr (vielleicht gefiel sie ihm ja auch?) und fand sich bereit, die Postkarte im arischen Teil der Stadt in einen Briefkasten zu stecken. Womit der Mann sein Leben riskierte. Eines Abends, als Mutter aus der Werkstatt zurückkehrte, wartete Frau Kenerova am Ghettozaun auf sie. Als die Bäuerin sah, daß die Wachmänner sich angeregt unterhielten und die beiden nebeneinander herlaufenden Frauen keines Blickes würdigten, warf sie das Bündel über den Zaun und machte sich davon. Mutter hob schnell das Bündel auf und ließ es unter ihrem Kleid verschwinden. So kamen wir in den Besitz von Sandalen, in denen ein Schatz schlummerte.

Den Diamanten verkaufte Mutter an einen der Schwarzmarkthändler. Sie bekam dafür Brot, Kartoffeln, ein Stück Butter, einige Würfel Zucker, Zigaretten und einen Sack Kohlen. Dabei rauchte Mutter gar nicht, aber für drei Zigaretten gab es einen Laib Brot. Sie wußte sehr wohl, daß der Händler sie übervorteilt hatte, aber die Eßsachen ernährten unsere kleine Familie sechs Wochen lang.

Im Winter 1943, als wir schon im KZ Bergen-Belsen interniert waren, lief ich trotz Schlamm und Schnee mit zerrissenen Schuhen umher und litt unter einer schweren Erkältung. Mutter erkannte, daß ich eine Lungenentzündung bekommen und sterben würde, wenn sie mir nicht ein Paar ordentliche Schuhe organisierte. Als schon keine Hoffnung mehr bestand, lehrte mich Mutter auf deutsch zu deklamieren: Herr Kommandant, bitte geben Sie den Kindern in unserer Baracke Schuhe! Dann schickte sie mich, kaum daß ich bereit war, während des Morgenappells zum Lagerkommandanten Adolf Haas. Der deutsche SS-Offizier hörte sich meine Worte geduldig an, betrachtete mich und meine zerrissenen Schuhe und fragte schließlich: »Woher kannst du Deutsch, Junge?« »Wir sind aus der Tschechoslowakei«, deklamierte ich, »bei uns Zu-

184

hause wurde deutsch gesprochen.« »Aber wo soll ich denn Schuhe hernehmen«, grübelte er. Auch für diese Frage hatte mich Mutter präpariert. »In der Baracke, in die die ›Neuen‹ kommen, gibt es haufenweise Schuhe.« »Das ist eine Idee«, brummte der Lagerkommandant und befahl einem Soldaten, aus dieser Baracke einen Sack Schuhe zu holen. »Such dir ein Paar aus!« wies er mich an. Ich stürzte mich auf den Schuhhaufen und entschied mich für ein Paar schwarze, glänzende Gummistiefel. »Danke«, konnte ich gerade noch sagen, bevor ich wie von Sinnen zu Mutter zurückstürmte.

Gut möglich, daß die Gummistiefel es waren, die mir das Leben gerettet haben.

Adolf Haas, seinerzeit Kommandant von Bergen-Belsen, war ein altgedienter SS-Offizier, der regelmäßig andere SS-Größen im Lager zu Gast hatte und bemüht war, den Aufenthalt seiner Besucher so angenehm wie möglich zu gestalten, damit er selbst nicht an die Front geschickt wurde. Haas liebte Frauen, guten Wein und Kunst. (Dr. Thomas Rahe, Leiter der Gedenkstätte Bergen-Belsen, hat mir erzählt, in Haas' Personalakte finde sich ein Verweis, weil sich irgend jemand darüber beschwert hatte, daß Haas einen jüdischen Häftling abstellte, um Porträts von den Offizieren im Lager zu malen). Soweit ich es bezeugen kann, verhielt sich Haas im großen und ganzen gegenüber den Inhabern fremder Pässe, die seiner Obhut anvertraut worden waren, korrekt (auch wenn er Hunderte von ihnen in Krankenwagen des Roten Kreuzes nach Auschwitz bringen ließ). Ich bin sicher, Mutter hätte niemals gewagt, mich zu Josef Kramer zu schicken, Haas' Nachfolger als Lagerkommandant. (Dr. Rahe ist überzeugt, daß Haas zum Kampfeinsatz nach Jugoslawien geschickt wurde, wo sich seine Spur verliert). Kramer, der aus Auschwitz zu uns kam, machte Bergen-Belsen von einem Durchgangs- zu einem Vernichtungslager. Die »Bestie von Belsen«, wie wir ihn nannten, wurde nach Kriegsende von den Engländern verurteilt und hingerichtet.

Ein Mensch, der am Leben bleiben wollte, mußte jeden Tag aufs neue darum kämpfen. Wenn er ein Stück Brot oder eine Kartoffel bekam, mußte er dafür sorgen, daß er auch am nächsten Tag noch etwas zu essen hatte; wenn er vierzehn Stunden in einer Fabrik gearbeitet hatte und nicht bestraft worden und nicht zusammengebrochen war, mußte er neue Kräfte mobilisieren, um auch die folgenden Tage und Monate zu arbeiten – bis zur Befreiung; war man gerade einem Polizisten entwischt, mußte man sich sogleich vor dessen Kollegen vorsehen, der sich mit gefälschten Ausweisen und Stempeln auskannte; war ein Häftling der Selektion entgangen, mußte er auch am nächsten Tag tauglich erscheinen, wenn wieder eine »Auslese« stattfand und die Schwachen ausgesondert und dann in die Gaskammern geschickt wurden. Ein Jude wurde also jeden Tag aufs neue gerettet. Hunderte oder Tausende von Malen. Das Ganze war ein nicht enden wollender physischer wie psychischer Überlebenskampf zu Tode erschöpfter Männer, Frauen und Kinder. Menschen, die ihre Familien und den Glauben an die Menschlichkeit verloren hatten. Immer wieder habe ich Geschichten von verwaisten Jungen und Mädchen gehört, die bei Bauern Unterschlupf fanden, von denen viele barmherzig und einige grausam waren. Den Kindern gelang es, ihre jüdische Identität zu verbergen – und zu überleben. Ich hatte es einfacher, weil meine Mutter mir nicht von der Seite wich. Der Schriftsteller Uri Orlev (Preisträger des Andersen-Preises für Kinder- und Jugendliteratur), der in unserer Baracke in Bergen-Belsen war, erzählt in seinem Buch *Bleisoldaten*, wie er im Winter zusammen mit seinem Onkel eine Pritsche teilte. »Zieh die Decke nicht weg«, flehte Uri. »Mein Rücken ist eiskalt.« »Hier. Deck dich zu«, knurrte der Onkel, gab aber nicht eine Handbreit Decke nach. Ich teilte die Pritsche mit meiner Mutter. Sie wärmte mich, und mein schmächtiges Hinterteil war ihr Heizkissen. Nach Jahren traf ich mit Uri Orlev in Jerusalem zusammen, und wir tauschten Eindrükke aus der Zeit in Bergen-Belsen. »Du hattest deine Mutter!« meinte er voller Bitterkeit und nagender Eifersucht, die die Zeit nicht hat heilen können.

Shmuel Pisar in seinem Buch *Of Blood and Hope* und Eli Wiesel in *Die Nacht* beschreiben gleichermaßen ihre Findigkeit und den ihnen gemeinsamen, unbedingten Willen, am Rande des Abgrunds zu überleben. Solche Zeugnisse finden sich oft in den Aufzeichnungen von Überlebenden. Bei einem Treffen mit Schülern stellte eine Schülerin die Vermutung an, KZ-Häftlinge, die nicht über andere hinweggegangen seien, sich vielmehr bereit gefunden hätten, ihren Kameraden zu helfen, diese Häftlinge hätten eine größere Chance gehabt zu überleben. Mir scheint, dieses junge Mädchen hatte intuitiv begriffen. Das Bemühen, sich die eigene Menschlichkeit zu bewahren, verlieh dem Leben der verzweifelten Häftlinge Sinn und bestärkte sie in ihrem Überlebenskampf. Wer dagegen seine Kameraden bestahl, fühlte sich verachtet und ausgestoßen. Solchen Häftlingen gelang es wohl, sich den Bauch zu füllen, aber ihre verkrüppelte Seele bedeutete ihr Ende.

Die Tatsache allein, daß ein Mensch überleben wollte, daß er gewieft und gerissen war und sich auf unterschiedliche Kniffe verstand, bedeutete noch keine Garantie für sein Leben. Die Deutschen verfügten über eine Armee, Polizei und Waffen. Sie wurden unterstützt von einer Bevölkerung, die sich nur zu gern der Juden entledigte. Und sie setzten die geplante »Endlösung« effizient, systematisch und mit List und Tücke in die Tat um. Die ahnungslosen Opfer wurden bis zum Schluß getäuscht und mit falschen Versprechungen ruhig gehalten. Eli Wiesel erzählt, als er im Herbst 1944 an der Rampe in Auschwitz angekommen sei, habe er noch immer nicht gewußt, daß er sich in einem Vernichtungslager befand.

Um zu überleben, war ein Jude auf die Hilfe anderer Menschen angewiesen, auf die von Juden, vor allem aber von Nichtjuden: Polen, die ihr Leben für Geld riskierten oder aus dem ehrlichen Wunsch zu helfen, die ihn versteckten und ernährten; Widerstandskämpfer, die ihm gefälschte Ausweispapiere verschafften; oder gutherzige deutsche Wächter, die wegsahen und ihm so ermöglichten, Eßsachen ins Ghetto zu schmuggeln, oder über den Zaun zu steigen und zu fliehen.

Als das Oberkommando der Gestapo in Krosno bekanntgab, alle Juden des Bezirks hätten die Dörfer zu verlassen und in das neu eingerichtete Ghetto zu übersiedeln, schickte Großvater Siegmund Mutter zu dem deutschen Beamten, der für Ivanitz zuständig war. Großvater kannte den Mann, da er gelegentlich Unterlagen aus dem Deutschen ins Polnische für ihn übersetzt hatte. Mutter breitete ein Seidenhemd, eine Krawatte und ein Paar Socken, Sachen, die noch aus unserem Laden stammten, auf dem Schreibtisch des Deutschen aus. Der Beamte ließ schnell die Geschenke in der Schublade verschwinden und fragte dann: »Was kann ich für Sie tun, Frau Huppert?« »Erlauben Sie uns, im Dorf zu bleiben.« »Ich würde es Ihnen zuliebe tun, aber ich habe meine Anweisungen aus der Gestapokommandantur in Krosno bekommen und muß mich an den Befehl halten.« »Mein Schwiegervater läßt fragen, ob Sie nicht so liebenswürdig sein könnten, das Hauptquartier anzurufen und zu fragen, ob auch Tschechen ausgewiesen werden sollen. Und dabei bitte nicht den Umstand zu erwähnen, daß wir Juden sind.« Der Beamte blieb einen Augenblick lang unschlüssig und stieß dann hervor: »Jüdische Spitzfindigkeit!« Doch schließlich hob er den Hörer ans Ohr und stellte, als die Verbindung zustande gekommen war, die Frage, wie Großvater sie formuliert hatte. »Sie Idiot!« schrie der wachhabende Feldwebel am anderen Ende der Leitung. »Wer hat Ihnen Anweisung gegeben, Tschechen auszuweisen?!« Bezugnehmend auf dieses Telefonat, stellte der deutsche Beamte unserer ganzen Familie eine Aufenthaltserlaubnis für Ivanitz aus, versehen mit dem Stempel der Gestapo. So kamen wir in den Genuß, weitere zweieinhalb Jahre relativ ungestört auf dem Lande leben zu können. Wären wir bereits 1940 ins Ghetto Krosno gekommen, hätte dies sehr wahrscheinlich unser Durchhaltevermögen überstiegen. Außerdem wäre es uns dann wohl nicht mehr vergönnt gewesen, die Zertifikate in Empfang zu nehmen, die Vater uns schickte.

Als Mutter an Typhus erkrankte und fiebernd auf dem kalten Fußboden lag, alarmierte Großmutter Bluma Dr. Hauptmann. Der Arzt war selbst krank und am Ende seiner Kräfte, erhob sich jedoch von seinem Krankenlager und folgte Großmutter. Er untersuchte Mutter und gab ihr eine Spritze, obgleich er überzeugt war, es bestünde keinerlei Aussicht mehr. Im Ghetto waren Medikamente eine seltene und äußerst kostspielige Ware, aber der Arzt weigerte sich, von Großmutter Geld zu nehmen. »Zahlen Sie mir ein andermal«, sagte er und schleppte sich mit unsicheren Schritten aus dem Zimmer. Diese Schuld ist niemals beglichen worden, und indem ich an dieser Stelle, aus tiefer Dankbarkeit, die Geschichte des Dr. Hauptmann erzähle, möchte ich ein wenig davon abtragen.

Neben der Fähigkeit, unter menschenunwürdigen Bedingungen zu existieren und nicht daran zu verzweifeln, neben Einfallsreichtum, Vitalität und der Hilfe durch Menschen mit Gewissen waren die Überlebenden auf einen weiteren, unbekannten »Partner« angewiesen: Den Zufall, das Glück, das Schicksal oder – wie gläubige Juden es nennen – die göttliche Vorsehung. Mit dem Gebrauch dieses Ausdrucks allerdings bin ich sehr vorsichtig, denn sollte Gott auf mich achtgegeben haben, warum hat er dann meine Cousine Ruthi und eineinhalb Millionen weitere unschuldige jüdische Kinder im Stich gelassen? Und wenn ich schreibe »unschuldig«, kann ich mir nicht vorstellen, daß Großmutter Bluma, Großvater Siegmund und den übrigen Ermordeten Sünden anzulasten sind, die es irgend jemandem gestatteten, die Shoah zu begründen und das Wirken des guten Gottes mit einer talmudischen Spitzfindigkeit zu rechtfertigen, oder aber in diesem Zusammenhang Begriffe wie Lohn und Schuld zu verwenden.

Es war Zufall, daß Josek, der Sohn von Frau Kenerova, im Postamt von Ivanitz vorbeischaute, und der Schalterbeamte, der unsere Familie kannte, sich an Mutter erinnerte und sagte: »Schon zwei Wochen habe ich hier ein Einschreiben, mit einer Menge schöner Briefmarken aus Palästina, für die hübsche junge Frau mit den Zöpfen. Die, die bei euch gewohnt hat, bis die Deutschen sie, den alten Herrn und den Jungen weggeholt haben. Morgen werde ich den Brief an das Postamt in Krosno zurückschicken, mit dem Vermerk: Verzogen. Neue Anschrift unbekannt.« »Würden Sie mir den Brief geben?« fragte Josek. »Wenn du unterschreibst, gebe ich ihn dir.« Josek unterschrieb und brachte das Einschreiben, in dem sich zwei gefaltete Zertifikate befanden, seiner Mutter. Frau Kenerova schließlich leitete diese an uns weiter, ins Ghetto. Wodurch wir gerettet wurden. Und das alles, weil wir einfach Glück hatten!

»Das war nicht nur Glück, Tommy!« erklärt mir Mutter, bei einer unserer Unterhaltungen auf dem Balkon. »Die Verwandten in Amerika schickten uns des öfteren Proviantpakete nach Ivanitz.«

»Woher wußten sie denn, daß wir in Ivanitz waren?«

»Wir hatten einen Onkel in Ungarn, das zu jenem Zeitpunkt noch neutral war. Wir schrieben ihm, der ungarische Onkel schrieb an die Verwandten in Amerika, die ihrerseits wiederum an Vater in Haifa schrieben. Als das erste Paket aus Amerika eintraf, sagte mir der Postbeamte: ›Verehrteste, kommen Sie doch das Paket am Nachmittag abholen, wenn kein Publikum da ist. Den Bauern gehen die Augen über, wenn sie sehen, was für Leckereien man Ihnen schickt. Das sind anständige Leute, aber es ist nun mal Krieg, und echten Kaffee und Würfelzucker haben sie schon lange nicht mehr zu Gesicht bekommen. Sehen Sie sich besser vor, Teuerste. Sonst gerät am Ende noch jemand in Rage und zückt ein Messer!‹ Von da ab ging ich zur Post, wenn keine Leute da waren, und bedachte den Schalterbeamten immer mit einer Tafel Schokolade, einer Büchse Nescafé und Suppenwürfeln. Er brummte jedes Mal unter seinem Schnauzbart: ›Sie müssen mir nichts geben, Gnädigste!‹ Aber ich bestand darauf, so daß er nachgab, die Sachen nahm und mir stets die Hand küßte. Nach einiger Zeit vertraute ich ihm an, ich erwarte einen wichtigen Brief von meinem Gatten, aus dem Heiligen Land. Es war also kein bloßer Zufall, daß der Mann das Einschreiben aufbewahrt hat.«

Die Hand des Zufalls oder der Finger des Schicksal lenkten unseren Transport ins Ghetto Rzeszów und nicht nach

Auschwitz. Diese Fahrt fand in der Nacht des Chanukkafestes statt, einer Nacht, die den Wundern und Mysterien
vorbehalten ist.

Im Sommer 1990 war ich zu Gast in Prag und besuchte das
kleine Museum, in dem eine Ausstellung der Kinder-
zeichnungen aus dem Ghetto Theresienstadt gezeigt wird.
Das Museum befindet sich in einem steinernen Turm,
unweit des alten jüdischen Friedhofs, auf dem auch Rabbi
Juda Löw begraben liegt, der Schöpfer des »Golems«. Ich
stieg die Wendeltreppe des Turms hinauf und betrachtete
die Zeichnungen der Kinder. Naive Zeichnungen, in denen
sie ihre Sehnsucht nach Freiheit zum Ausdruck bringen,
nach einem Zuhause, wo im Schoße der Familie eine warme
Mahlzeit serviert wird. Die Zeichnungen, die unter Anlei-
tung der deutsch-jüdischen Malerin Friedel Dicker entstanden, ermöglichten den Kindern, für kurze Zeit dem
Hunger zu entfliehen, der Kälte und der ständigen Angst,
nach dem Osten verschickt zu werden. Die Deutschen, die
am Eingangstor des Ghettos wachten und die Transporte organisierten, hatten keine Kontrolle über die bunte
Welt, die im Zusammenspiel zwischen der Phantasie und
den mageren Finger erschaffen wurde. Unter den Zeichnungen sind die Namen der Jungen und Mädchen ver-
merkt, ihr Geburtsdatum und der Tag, an dem man sie in
den Tod geschickt hat. Mit Grauen blickte ich auf die
Namen und die Geburtsdaten. Diese Kinder waren alle in
meinem Alter. Wären wir in der Tschechoslowakei geblieben, wäre ich ins Ghetto Theresienstadt deportiert worden
und von dort ... Wären wir nicht nach Ivanitz geflüchtet,
würde auch meine Zeichnung heute die Mauern des Turms
in Prag schmücken.

Das Bedürfnis zu berichten, was sie in den Lagern, den

Ghettos und Wäldern erlebt hatten, kollidierte mit dem Wunsch der Überlebenden, Fuß zu fassen und in Israel ein neues Leben zu beginnen. Viele nahmen hebräische Namen an, lernten fleißig Ivrith, tauschten die getragenen Anzüge und Kleider, die amerikanische Spender in die Flüchtlingslager in Deutschland und Italien geschickt hatten, gegen Khakishorts, Sommerröcke und blaue Blusen ein, gaben ihre blasse Haut der sengenden Sonne preis, heirateten Sabres (stark und gesund) oder die Kinder von Einwanderern, die schon lange im Land waren, und gründeten Familien. Sie machten erfolgreich Geschäfte, wurden Wissenschaftler, Lehrer, Berufssoldaten, Bauern und berühmte Künstler. Sie fühlten sich als Israelis (ein Teil von ihnen fiel als namenlose Neuankömmlinge in den Kämpfen des Unabhängigkeitskrieges) und bemühten sich zu vergessen, was sie in der Shoah erlitten hatten. Mancher gab sich der Illusion hin, Verdrängung und Leugnung seien gleichbedeutend mit völligem Vergessenkönnen. Die seelischen Konflikte der Holocaustüberlebenden, die nur schwer von ihrem traditionellen jüdischen Zuhause in der Diaspora loskamen und sich gleichzeitig bemühten, das Trauma der Lager abzuschütteln und eine selbstbewußte israelische Identität zu gewinnen, diese Konflikte finden sich mit Verständnis und Einfühlungsvermögen in den Erzählungen Aharon Appelfelds und in seinem Essayband *Mitteilungen in der ersten Person* beschrieben.

In der ersten Zeit nach unserer Ankunft im Lande erzählte Mutter den Familienangehörigen und Bekannten, was uns in Europa widerfahren war. Diese hörten bestürzt zu, bis sie ermüdeten und Mutter drängten, sie möge aufhören, Greuelgeschichten zu verbreiten. »Du mußt vergessen«, sagten sie ihr. Mutter fiel es schwer, diesem Rat zu folgen. Ihre eigene Mutter und ihre Schwestern befahlen ihr:

»Rede!« Nachdem Vaters Hoffnung in die Ärzte, die Mutter Beruhigungstabletten gaben und rieten, sie solle zur Kur in die Jerusalemer Berge fahren, verflogen war, sagte er: »Warum schreibst du deine Erinnerungen nicht auf? Vielleicht befreit dich das Schreiben ja von deinen Angstträumen?« Mutter zögerte, und nach einigen Tagen begann sie zu schreiben. Sie schrieb schnell, rekonstruierte Eindrücke, rief sich Namen in Erinnerung, Gespräche mit Polen und Deutschen, und durchlebte erneut die gewaltsame Trennung von Großmutter Bluma und von Ruthi. Es wurde ihr erster, langer »Aufsatz«.

Mutter hatte lediglich die Volksschule besucht. Großvater Selig war ein gesetzestreuer Jude und weigerte sich, seiner begabten Tochter zu erlauben, ihre Ausbildung auf dem Gymnasium fortzusetzen.

»Ich freue mich, daß Sie überzeugt sind, das Mädchen sei eine hervorragende Schülerin«, sagte er zu der Schulleiterin. »Aber meiner Meinung nach liest sie zu viele polnische Romane, lernt Namen von Flüssen und Bergen in Indien und Afrika auswendig und träumt davon, eine berühmte Turnerin zu sein! Nur, das fehlt uns noch! Ein jüdisches Mädchen muß nicht wissen, wie Frösche atmen und warum Raben krächzen. Mir genügt, wenn sie glaubt, daß der Schöpfer seinen Geschöpfen Lungen gegeben hat, um zu atmen, und eine Stimme, damit sie ihn loben, gepriesen sei ER. Die Bildung verdirbt ihr nur den Schidduch*!«

Die erste Fassung des Manuskripts trug den Titel: »Warum ist uns das geschehen?« Nach einiger Zeit änderte Mutter ihn in »Engpaß zur Freiheit«. Das Buch, das auf deutsch geschrieben war, wurde von dem bekannten Schriftsteller Arnold Zweig, der in jenen Jahren in Haifa lebte, für den Druck vorbereitet. Zweig war überzeugt, die israelischen Verlage würden ihm das Manuskript aus der Hand reißen und das Buch werde ein Bestseller. »So wie mein ›Sergeant Grischa‹!« sagte er. Doch zum allgemeinen Erstaunen von Zweig und meiner Eltern lehnten die Verlage das Manuskript ab. Die Verleger schrieben, die wunderbare Geschichte habe sie sehr beeindruckt, aber die israelische Leserschaft sei noch nicht so weit, ein derart erschütterndes Zeugnis zu lesen. Sie schlugen Mutter vor, sich in Geduld zu fassen und das Manuskript in einer Schublade aufzubewahren.

Engpaß zur Freiheit erschien zum ersten Mal im Jahre 1947, als Broschüre, die in den deutschen Kriegsgefangenenlagern in Ägypten verteilt wurde. Die Briten nutzten den Bericht meiner Mutter, um den deutschen Soldaten zu erklären, was die Nazis den Juden angetan hatten. Diese seltene Ausgabe beinhaltete auch eine Einleitung und ein Nachwort von Arnold Zweig. Mit seiner Rückkehr nach Ostdeutschland, (wo er zum Präsidenten der Akademie der Künste ernannte wurde), veröffentlichte Zweig das Buch in mehreren großen Auflagen in der Tschechoslowakei und in Ostdeutschland. Er gab Mutters Buch den Titel: *Pfad zum Acheron*. Der Acheron ist ein mythologischer Fluß, der in der griechischen Sage zwischen dem Land der Lebenden und dem Hades trennt und in der jüdischen Tradition dem Fluß Jabbok entspricht.

Im Jahre 1955 bekam ich von meinen Eltern zum bestandenen Abitur am Chugim-Gymnasium in Haifa eine Schreibmaschine vom Typ Baby Hermes geschenkt. Da mir noch zwei Monate verblieben, bis ich zur Armee eingezogen werden sollte, beschloß ich, meine Mutter zu überraschen, und übersetzte *Engpaß zur Freiheit* vom Deutschen ins Hebräische. Dies war eine wortgetreue Übersetzung des ursprünglichen Manuskripts, ohne die nachträglichen Bearbeitungen Arnold Zweigs. In jenen Tagen nach dem

Abitur war ich stark von Bialiks Gedicht »Über das Schlachten« beeinflußt und verlieh daher dem Buch einen neuen Titel: *Und der Schächter schlachtete.* Der Titel prangte in vergoldeten Lettern auf dem blauen Einband, den mir ein Buchbinder gegen Zahlung von fünf israelischen Pfund, meine gesamten Ersparnisse, machte. Auf der Schreibmaschine erstellte ich drei Exemplare der Übersetzung. Das Original gab ich meinen Eltern; das zweite Exemplar schickte ich an einen Verlag und das dritte (inzwischen verblichene) behielt ich selbst. Von dem Verlag habe ich niemals eine Antwort erhalten.

Im Frühjahr 1977 machte ich für den staatlichen israelischen Rundfunk im Rahmen der Sondersendungen zum Yom HaShoah, dem Holocaustgedenktag, ein ausführliches Interview mit meiner Mutter. Der Titel der Sendung lautete: »Meine Mutter gebar mich ein zweites Mal«. Mutters verhaltene, ruhige Ausführungen fanden starken Anklang bei den Zuhörern. Wir erhielten Hunderte von Zuschriften. Die Menschen wollten ihr Mitgefühl zum Ausdruck bringen. Wollten mehr erfahren. So wandte sich auch der Lyriker und ehemalige Partisan Abba Kovner an mich, Mitglied im Direktorium des nach Mordechai Anielevicz benannten Dokumentationszentrums »Moreshet«. Er wollte wissen, was aus dem Manuskript geworden sei, das ich gegen Ende der Sendung erwähnt hatte. Ich sagte Abba Kovner, ich hätte eine hebräische Fassung des Buches, die allerdings einer Überarbeitung bedürfe. »Übersetze das Ganze noch mal, dann werde ich es lesen und meinen Freunden Ruz'ka Korczak und Jehuda Tubin vorschlagen.«

Meine Neuübersetzung war in knappem, zurückgenommenem Stil gehalten, unter Auslassung aller Anschuldigungen und emotionalen Trauerbekundungen, die im

Originalmanuskript noch enthalten waren. Ich verfuhr so, da ich der Meinung war, der Leser müsse die Möglichkeit haben, die Fakten zu erfassen und sich auf individuelle Art und Weise durch sie bewegen und anrühren zu lassen. Diese Neufassung, die durch meine Mutter autorisiert wurde, erschien bald darauf in Zusammenarbeit des Dokumentationszentrums »Moreshet« mit dem Verlagshaus Sifriyat Po'alim. Das Buch trug den Titel *Hand in Hand mit Tommy* und wurde bis 1996 in sieben Auflagen gedruckt. Es ist sowohl in Holland als auch in Deutschland erschienen und wurde in Israel sogar auf arabisch herausgegeben, auf Initiative von Dr. Machmud Abbasi in der Übersetzung von Karim Awwad.

Über Jahrzehnte blieb ich unschlüssig, ob ich berechtigt sei, Geschichten über die in *Hand in Hand mit Tommy* dokumentierte Zeit zu verfassen. Ich wollte nicht in Konkurrenz zu Mutters Buch treten und hatte Mühe, zwischen Dingen, die mir in Erinnerung geblieben waren, und Geschichten zu unterscheiden, die ich möglicherweise aus dem Buch, das mir in Fleisch und Blut übergegangen war, »entwendet« haben könnte. Das schmale Bändchen von Erzählungen mit dem Titel *Habe ich Anne Frank gesehen?* ist Zeugnis meiner Skrupel und Beweis, daß es mir nicht gelungen ist, die Worte zurückzuhalten, die niedergeschrieben werden wollten.

Die Schwierigkeit, über die Shoah zu schreiben, liegt in der emotionalen Involviertheit des Autors begründet und in dem Gefühl der moralischen Verantwortung, die ihm Warnsignale in den Weg stellt. Die Furcht, Handlungen und Inhalte zu erfinden, ist auch auf die Tatsache zurückzuführen, daß die Zeugnisse der Überlebenden erschütternder und glaubwürdiger sind als alles, was ein Autor kraft seiner

Phantasie erstehen lassen kann. Moses Ben-Esra wird der Ausspruch zugeschrieben: Die Krönung einer Dichtung – seine Lüge. Will sagen: Das Wertvollste an einem literarischen Kunstwerk ist das von seinem Schöpfer Erdachte. Ein Autor, der über die Shoah schreibt, muß sich dagegen ein anderes Gebot zu eigen machen: Die Krönung einer Dichtung – seine Wahrheit.

Ein Schriftsteller, der Geschichten ersinnt, deren Handlung in der Zeit des Holocausts spielt, ist verpflichtet, sich auf das genaueste zu prüfen und einzig und allein zu Papier zu bringen, was sein Herz ihm befiehlt. Ohne Hintergedanken; unter Verzicht auf jegliche Hingabe an Melodramatisches und Sentimentales; und ohne jemals auch nur nach irgendwelchen Bestsellerlisten zu schielen. Nur dann, wenn die Krönung der Dichtung in der Aufrichtigkeit des Künstlers liegt und seine Tiefe die Abgründe seiner Seele widerspiegeln, nur dann ist er befähigt, eine erdachte Geschichte in Buchstaben und Worte zu gießen, ohne daß Andenken der Toten zu beschädigen.

Der jüdische, in Frankfurt geborene Philosoph Theodor Adorno (1903-1969) schrieb voller Bitterkeit, zutiefst enttäuscht von der europäischen Kultur und ihrem Humanismus: »Es ist Barbarei, nach Auschwitz Gedichte zu schreiben.« Ein derart schmerzhaftes Bewußtsein ist geschaffen, die Phantasie zu lähmen und die Feder eines Schriftstellers versiegen zu lassen.

Es fällt mir schwer, mich mit diesem pessimistischen Diktum abzufinden.

Bedeutende Autoren und Dichter wie Primo Levi, Paul Celan, Danilo Kiš, Tadeusz Borowski, Jorge Semprún, Imre Kertész und Aharon Appelfeld haben bewiesen, daß sie ihre persönlich erlittenen Shoah-Erlebnisse sensibel und glaubwürdig ausgestalten lassen, ohne dabei in

Rührseligkeit zu verfallen, in seichte Tendenzliteratur oder falschen Pathos. Wer ihre Erzählungen und Gedichte liest, die halb erfunden, halb der Wirklichkeit entlehnt sind, wird feststellen, daß das literarische Kunstwerk seine Daseinsberechtigung neben dem Schreiben als dokumentarisch-zeitgeschichtlichem Zeugnis genießt. Literatur in ihrer besten Form, die exklusive Gabe eines sensiblen Künstlers, der Eindrücke aufnimmt und fähig ist, sie in unverwechselbare Formulierungen zu gießen, in einen reichen Ton und einen breiten kulturellen Kontext, ist geeignet, dem Leser eine tiefergehende Sichtweise zu vermitteln.

Uri Zwi Grienberg war in den Jahren der Shoah (Grienberg schreibt: »Zerstörung der Diaspora«) in Erez Israel, aber er spürte, sah und durchlitt den Tod seiner Familienangehörigen und seines Volkes, das auf dem Boden des christlichen Europas ermordet wurde. Die Gedichte seiner Sammlung *Straßen des Flusses, Buch der Elegien und der Macht* sind unter dem Eindruck dieser erfahrenen, authentischen Grenzsituation entstanden.

Die Nazis haben versucht, das jüdische Volk zu vernichten, sein kulturelles Erbe zu verbrennen und es auf immer verstummen zu lassen. Die Überlebenden sind verpflichtet, das Schweigen zu zerreißen, das Gebot »und berichte deinen Kindern« zu befolgen, zu erzählen und zu schreiben. Ich bin jedoch nicht überzeugt, daß die Opfer fähig sind, Lobgesänge auf den zu singen, der sagte: Und die Welt war – um schließlich tatenlos zuzusehen.

»Die Pfadfinder organisieren eine Reise nach Deutschland«, sagte mein Sohn Dan im Sommer 1980. »Was würdest du davon halten, wenn ich mitfahre?«

»Wie du auch entscheidest, ich werde es verstehen. Mir

genügt bereits, daß du dich mit dem Problem auseinandersetzt und zwischen einer Reise nach Deutschland und einem Urlaub im übrigen Europa unterscheidest.«

»Und du Papa, wirst du irgendwann noch einmal nach Deutschland fahren?«

»Bis jetzt bin ich noch nicht dort gewesen. Wenn Mama und ich Europa bereisen, nehmen wir immer den Nachtzug, um Deutschland zu durchqueren. Sobald der deutsche Zöllner ins Abteil kommt, hält Mama ihm die Pässe hin, und ich tu' so, als schliefe ich und halte mir die Ohren zu, damit ich den schrecklichen Klang der deutschen Sprache nicht höre. Aber wenn ein deutscher Radiosender auf den Gedanken käme, mich einzuladen, um eine Sendung über die Shoah zu machen, würde ich sehr wahrscheinlich meine Abscheu überwinden und die Einladung annehmen. Doch mir scheint, ich würde nicht nach Deutschland fahren, um die Schönheiten von Rhein und Mosel zu sehen, den Schwarzwald und seine Schlösser, die historische Universität in Heidelberg oder die Museen in Berlin. In Deutschland will ich nicht Tourist sein.«

Acht Jahre nach dieser Unterhaltung mit meinem Sohn erschien das Buch *Hand in Hand mit Tommy* in Deutschland. Aus Anlaß der Buchpräsentation lud mich der Verleger zu einer Reihe von Treffen mit Gymnasialschülern und älteren Lesern ein, im Saarland, in Dortmund, in Solingen (dem Zentrum der Scheren- und Regenschirmindustrie und der Stadt Adolf Eichmanns) und in Lübeck. Mutter sagte: »Setz keinen Fuß auf diese verfluchte Erde!« Ich hörte sie an und antwortete dann dem Verleger, ich nähme seine Einladung an. Allerdings bat ich Mimi, meine Frau, mich zu begleiten. »Ich werde dich dort brauchen«, sagte ich. So fuhren wir zusammen. Meine Eindrücke aus dem alten und dem anderen Deutschland hielt ich in einem

Reisetagebuch fest, das ich bis heute aufbewahre. Offenbar haben meine Augen auf jener Reise, trotz des Boykotts, den ich gegen die schönen Landschaften verhängt hatte, mehr aufgenommen, als ich beabsichtigt hatte.

Im Verlauf des Vortrags, den ich bei dem Besuch 1996 in der Gedenkstätte Bergen-Belsen hielt, wiederholte ich Mutters Warnung. Nach dem Vortrag kam ein älterer Deutscher zu mir und meinte im Flüsterton: »Ich wohne im Ort Bergen, nur einige Kilometer vom Lager entfernt. Wir wußten damals schon, was in Bergen-Belsen passierte. Sagen Sie bitte Ihrer Frau Mutter, daß sie recht hat. Dieses ist tatsächlich eine verfluchte Erde!« Ein anderer Deutscher gestand mir: »In meiner Jugend war ich in der Hitlerjugend. Heute bereue ich das und arbeite ehrenamtlich in der Gedenkstätte Bergen-Belsen. Meine Nachbarn nennen mich: ›Einer, der sich bei den Juden lieb Kind macht‹ und diffamieren mich.«

Ich hatte Mühe, ruhig auf dem gepolsterten Sitz im Intercity von Frankfurt nach Dortmund zu sitzen. Das eintönige Rattern der Räder und die enervierend lautstarke Unterhaltung unserer älteren Abteilnachbarn förderten in mir Stimmen, Gerüche und Ängste zu Tage, die von jener Reise in dem finsteren Viehwaggon rühren. Zu meinem Glück hatte ich Mimi an meiner Seite und spürte, daß sie wußte, in welchem Zug ich fuhr.

Als wir im Bahnhof von Dortmund ausstiegen, hallte mein Name aus den Lautsprechern. Eine Stimme verkündete betont förmlich, Dr. Huppert und seine Gattin würden an Gleis vier erwartet. Tatsächlich wartete am Ende des Bahnsteigs ein junger Mann in modischem Lederjackett und glänzenden schwarzen Schuhen auf uns. Als er uns ausgemacht hatte, kam er auf uns zugeeilt, schlug die Hacken zusammen, stellte sich vor und fragte, ob er unseren Koffer

tragen dürfe. Ich wollte ihm schon für sein Entgegen-
kommen danken und mit einem Lächeln bemerken, jeder
Mensch habe sein eigenes Bündel zu tragen! Doch da hörte
ich einen gellenden Schrei: Nehmt eure Sachen und steigt
in die Waggons! Schnell! Los, los!! Und sogleich überließ
ich dem freundlichen Deutschen meinen leichten Koffer.
Sollte der ihn lieber tragen!
Der junge Mann ging auf einen Audi neueren Baujahrs zu,
verstaute den Koffer im Kofferraum, verbeugte sich leicht
vor Mimi und öffnete ihr die Tür.
»Ich hoffe, Sie hatten eine angenehme Fahrt.«
»Die Fahrt ging schnell vorüber«, antwortete ich.
»Wir haben in einer ruhigen Gegend ein Hotelzimmer für
Sie bestellt. Gleich gegenüber gibt es eine Konditorei, in
der man starken türkischen Mokka und wunderbare Sah-
netorten bekommt.«
Unterwegs erläuterte uns unser Begleiter die Örtlichkei-
ten, an denen wir vorüberkamen: »Diese Kirche wurde bei
den Bombenangriffen der Alliierten zerstört und vom
Geld der Steuerzahler wieder aufgebaut. Das Haus hier zur
Rechten gehörte früher einmal Juden ...« Ich hörte seine
Ausführungen, aber in meinen Ohren klangen noch Bialiks
Worte nach: »Und ich bin dasselbe Kind, mein Engel«[*].
1992 war das Jahr, in dem Banden von Skinheads und
Neonazis in ganz Deutschland ihr Unwesen trieben. Sie
steckten Asylantenheime in Brand und griffen Türken,
Jugoslawen, Vietnamesen, Sinti und Roma an. Sie veranstalteten Umzüge durch die Straßen der Städte (die schwei-
gende Mehrheit sah den gewaltbereiten jungen Männern
zu, gleichgültig oder verschreckt), rissen den Arm zum

---

[*] Das Bialik-Zitat bezieht sich auf ein Zwiegespräch zwischen dem
Dichter und seinem Schutzengel.

Gruß in die Höhe und schrien: Heil Hitler! Deutschland
den Deutschen! Ausländer raus! Sie beschmierten Synagogen und sprühten Hakenkreuze auf Gedenksteine für die
Opfer der Shoah. Unter den jüdischen Einrichtungen, die
verwüstet wurden, war auch der Friedhof in Dortmund.
In jenem Jahr verbrannten Neonazis eine türkische Frau
und ihre beiden Töchter. Ein anständiger Deutscher, der
zuviel getrunken hatte und sich brüstete, Jude zu sein,
wurde von rechten Schlägern derart verprügelt, daß er
seinen Verletzungen erlag. Eine deutsche Fernsehjourna-
listin, bemüht, die Zuschauerschaft in ihrem Land aufzu-
rütteln, filmte einen Deutschen, der aus einem riesigen
Bierhumpen trank und dazu sang: »Die Juden sind keine
Menschen – das sind Schweine. Wenn ich einen krumm-
nasigen Juden treffe, hau' ich ihm in die Fresse!« Eine
Israelin, die im Vorstand der jüdischen Gemeinde in Berlin
arbeitete, berichtete, Juden hätten darum gebeten, die
Gemeindemitteilungen künftig in Umschlägen zugesandt
zu bekommen, die keinerlei jüdische Identifikations-
merkmale trügen. Sie erzählte ferner, daß vor Kindergärten
und Schulen, die von jüdischen Kindern besucht würden,
Polizisten postiert seien.
Anfang 1994 wurde ein Molotowcocktail in die historische
Synagoge von Lübeck geworfen, die in der »Kristallnacht«
vom Feuer verschont geblieben war.
Das demokratische Lager in Deutschland organisierte Pro-
testmärsche mit Zehntausenden von Teilnehmern, die von
dem damaligen Bundespräsidenten Dr. Richard von Weiz-
säcker und Kanzler Kohl angeführt wurden. Der Schriftsteller Günter Grass wandte sich nachdrücklich gegen die
rassistischen Übergriffe. Die Führung der deutschen Polizei erhielt Anweisung, die Skinheads künftig ernst zu
nehmen. Wer sich an die Pimpfe der Hitlerjugend erinnert,

die in Reih und Glied marschierten, Trommeln schlugen und mit religiösem Eifer sangen, sie beabsichtigten, die ganze Welt zu erobern, der weiß, wie gefährlich diese gewaltbereite Minderheit von Neonazis ist und wie stark ihr Einfluß auf die Massen.

Im Frühjahr 1996, gut fünfzehn Jahre nach jenem Gespräch mit meinem Sohn, war ich zum ersten Mal zu Besuch in Berlin. Ich sah mir die Schätze im Pergamon-Museum an und besuchte das Museum der Malerin, Bildhauerin und Kommunistin Käthe Kollwitz, (die bereits als Jugendliche ihren eigenen Kopf als Totenschädel gezeichnet hatte). Ich studierte die Dokumente im wohlsortierten Archiv des Schriftstellers Arnold Zweig, ging zum Grab von Bertolt Brecht (nach dem Fall der Mauer hatten Unbekannte an die Wand hinter seinem Grab geschmiert: Judenschwein!) und besuchte die teilweise restaurierte Synagoge in Ostberlin.

Ich erwähne dies alles, da offenbar die Jahre die Empfindsamkeiten abstumpfen lassen, die Boykotte und Verbote gebrochen haben, die wir uns selbst auferlegten. Und auch, weil ich mir der leidigen Widersprüchlichkeiten meines Lebens wohl bewußt bin. Mein guter Freund, der Dichter und Barde Wolf Biermann, Büchner-Preisträger und für die deutsche Übersetzung von Jizchak Katzenelsons *Großer Gesang vom ausgerotteten jüdischen Volk* verantwortlich (Biermanns Vater war jüdischer Kommunist), hat einmal geschrieben: »Nur wer sich verändert, bleibt sich selbst treu.«

Einmal, als wir in Jerusalem in einem Restaurant zusammensaßen, aßen, tranken und uns unterhielten, erzählte Wolf, wie er mit seiner Mutter durch die Keller und Abwasserkanäle Hamburgs gelaufen sei, als die Amerikaner die Stadt bombardierten. »Ganz Hamburg stand in Flammen. Das war ein apokalyptischer Anblick. Die reinste Hölle«, sagte er. »In Bergen-Belsen«, sagte ich, »habe ich an einem Tag tausend Bomber gezählt, die auf dem Weg nach Hamburg waren. Ich erinnere mich an das Glitzern ihrer Tragflächen, das gewaltige Brummen der Motoren und an den alten deutschen Wachposten auf dem Wachturm, der sich bückte und verhalten fluchte. Ich klatschte in die Hände und brüllte: ›Zeigt's ihnen!‹« »Auch wir haben uns gefreut, daß die Amerikaner mit den Nazis kurzen Prozeß machten und den Krieg beendeten«, meinte Wolf Biermann und wischte den Bierschaum von seinem schiefen Schnurrbart. »Aber warum mußten sie ihre Bomben ausgerechnet über meinem Kopf abladen?!«

Der Schriftsteller Chaim Be'er, der Agnons Spuren in Deutschland erforscht hat, bekam unter Bauern und Kleinstädtern jenen Fremdenhaß zu spüren, der dem nach Hitlers Niederlage verdrängten Antisemitismus folgte. Diese Deutschen, mit denen er sich unterhielt, beschäftigten auf ihren Höfen türkische Arbeitskräfte, lebten in Wohlstand, fluchten auf Medien und Politiker, schluckten Bier und Schnaps und behaupteten dem Gast gegenüber, die jungen Leute, die sich an den Fremden vergriffen, gingen bei ihren Aktionen zu weit. Sie selbst würden sich den Randalierern nicht anschließen und Türken verprügeln, seien aber zufrieden, daß endlich mal jemand den Ausländern, die Deutschland überschwemmten, eine Lektion erteilte. Ein gebildeter Deutscher, der ein Gläschen zuviel getrunken hatte, wollte von Chaim Be'er wissen: »Erklären Sie mir, warum ich, der ich 1955 geboren bin, Schuldgefühle haben muß für etwas, das meine Großväter und Onkel den Juden angetan haben?«

»Wer bin ich, daß ich Ihnen auf diese Frage antworten könnte?« gab sich der israelische Schriftsteller verwundert. »Die Propheten Israels lassen folgende Redensart nicht gelten: ›Die Väter aßen unreife Früchte und die Zähne der Söhne werden dunkel.‹ Wir glauben, daß ›ein Mensch mit seiner Sünde stirbt‹. Aber Sie sind im christlichen Europa zur Welt gekommen und im Geiste einer anderen Tradition erzogen worden. Hier verfolgt man das jüdische Volk seit gut zweitausend Jahren, weil behauptet wird, die Juden hätten einen bestimmten Menschen umgebracht. Die Kreuzigung Jesu wird von Generation zu Generation weitergereicht. Erst fünfzig Jahre sind hingegen vergangen, seit Angehörige Ihres Volkes Millionen von Juden ermordeten, und schon können Sie es kaum erwarten, Verantwortungs- und Schuldgefühl loszuwerden?!«
Der junge Deutsche brach in Tränen aus und sank auf dem Tisch des Wirtshauses in sich zusammen.

Ein deutscher Arzt mit wachem Gewissen erzählte mir einmal, was er von seinem Sohn erfahren hatte:
»Im Geschichtsunterricht haben wir die Konzentrationslager behandelt. Das hat uns ganz schön runtergezogen. Vor allem die Mädchen. In der nächsten Stunde kam ein Priester in die Klasse, um über die Grundlagen des christlichen Glaubens zu sprechen. Er merkte, daß wir unkonzentriert waren, und fragte, was mit uns los sei. Eines der Mädchen hat ihm dann erklärt, wir hätten über Auschwitz gesprochen. ›Ach‹, stieß der Priester einen tiefen Seufzer aus. ›Wir hätten nie geglaubt, daß Gottes Strafe derart furchtbar sein würde.‹«
Gottes Strafe? Glaubt dieser Kirchenmann tatsächlich, Auschwitz sei die Strafe für die Kreuzigung Jesu gewesen? Welch ein absurder und grausamer Gedankengang

dieses geistigen Erben der Inquisition, der die Vollstrecker der Endlösung mit einer theologischen Argumentation zu rechtfertigen sucht, die frömmelnd daherkommt und jeglicher Grundlage entbehrt.

Ein betagtes deutsches Ehepaar kam in unser Abteil. Ehrenwerte, freundliche Leute, aber wegen ihres Alters in meinen Augen verdächtig. Ich versuchte, für mich herauszufinden, was dieser Deutsche in den Jahren des Krieges getan hatte. War er bei einem Einsatzkommando gewesen und hatte Juden in Polen und Rußland erschossen? War er Mitglied der Gestapo oder Aufseher in einem Konzentrationslager gewesen? Ich hatte aber auch andere Gedanken: Vielleicht war er ja ein Kommunist oder Sozialist, der Widerstand gegen die Nazis geleistet hatte? Oder ein Soldat, dem in den Schützengräben an der Ostfront die Glieder abgefroren waren? Oder vielleicht auch nur ein harmloser, rechtschaffener Apotheker?
Der alte Mann hatte Mühe, den Koffer anzuheben und ihn auf die Ablage zu wuchten. Worauf Mimi, die Gute, schon im Begriff war, sich aus ihrem Sitz zu erheben, um ihm zu helfen. Ich warf meiner Frau einen Blick zu, den sie verstand, denn sie erstarrte auf ihrem Platz. Der Alte verstaute den Koffern, nachdem er vergebens versucht hatte, ihn hochzuheben, unter seinem Sitz. Auch ich hatte zu Hause gelernt, daß man alten Leuten helfen soll, aber ich war nicht sicher, ob diesem greisen Deutschen geholfen werden mußte.
Mimi und ich unterhielten uns flüsternd, bis sich die Frau an uns wandte. Sie entschuldigte sich für ihre Neugierde und fragte, welche Sprache wir sprächen. Hebräisch, antwortete Mimi.
»Das habe ich mir gedacht«, mischte sich ihr Gatte ein. »Ich

bin Pastor, oder war es vielmehr. Jetzt bin ich im Ruhestand. Während meines Theologiestudiums habe ich Hebräisch gelernt. Das ist lang her, aber ich erinnere mich bis heute an einige Sätze auf hebräisch.«

Und dann zitierte der pensionierte Geistliche, zu unser beider Bestürzung, auf hebräisch den ersten Vers des Psalter: »Wohl dem, der nicht wandelt im Rat der Gottlosen, noch tritt auf den Weg der Sünder, noch sitzt, wo die Spötter sitzen.«

Dies war eine schlagfertige Antwort auf jene Frage, die mir ganz offensichtlich von der Stirn abzulesen war.

Der Pastor erzählte begeistert, er empfange die Sendungen des staatlichen israelischen Rundfunks über Kurzwelle. Seine Frau sei bereits zweimal in Jerusalem gewesen, er selbst jedoch habe Angst zu fliegen, wegen des Herzens. Dann meinte er noch, er würde sich freuen, eine ausgiebige Unterhaltung mit uns zu führen oder uns in seinem Haus als Gäste begrüßen zu können.

Als er bei der Einfahrt in den nächsten Bahnhof das Abteil verließ, machte er an der Tür halt und deklamierte auf hebräisch: »Am Anfang erschuf Gott den Himmel und die Erde ...«

Wenn ein Holocaustüberlebender mit Deutschen aus dieser Generation zusammentrifft, kann kaum die Rede von einer normalen Begegnung zwischen Menschen verschiedener Nationalitäten sein. Im Magen grummelt der Verdacht. Wie könnte es auch anders sein? Ich nehme an, für einen Teil der Deutschen ist eine solche Begegnung gleichfalls bedrückend, erfordert die Überwindung von Hemmungen und verdrängten Schuldgefühlen.

Als ich in Bergen-Belsen eintraf, kam ein ungefähr sechzehnjähriges Mädchen zu mir und gab mir eine Postkarte mit dem Foto eines Gedenksteins, auf dem zu lesen war: »Hier sollst du verstummen. Aber wenn du das Lager verläßt, schweige nicht!«

Meiner Meinung nach ist dieses deutsche Mädchen nicht verantwortlich zu machen für das, was die Nazis Ruthi und Großmutter Bluma, Großvater Siegmund und den drei Schwestern meiner Mutter angetan haben. Aber mir scheint, daß die rassistische Geschichte des Dritten Reichs Teil der nationalen wie auch persönlichen Geschichte dieses Mädchens ist. Ein tragisches Erbe, mit dem es sich auseinandersetzen muß. Was dieses Mädchen tatsächlich auch tut, auf eine Art und Weise, die Ehrfurcht gebietet. Die Generation dieses Mädchens ist verantwortlich für das, was künftig im zur Zeit fremdenfeindlichen Deutschland geschieht, sie ist es, die das Antlitz des vereinten Deutschland in Zukunft gestalten wird.

Ich nehme an, daß es Überlebende gibt, die sich meiner »versöhnlichen« Einstellung widersetzen und mir jenen Vers in Erinnerung rufen würden: »Vergiß nie, was Amalek dir angetan.« Ich vermute, auch meine Mutter wird nicht erfreut sein, diese Zeilen zu lesen. Je älter ich werde, desto mehr achte und liebe ich meine polnische Mutter – und bin immer weniger einer Meinung mit ihr, so daß wir uns nicht selten fast streiten. Ich lasse in diesem Zusammenhang meinen tschechischen Vater unerwähnt, da ihm eine wesentlich liberalere, weniger zwanghafte Weltanschauung zu eigen ist.

Ich hatte nicht vorgehabt, in Deutschland Freunde zu gewinnen. Aber dem Charme von Karin und Kuno Lorenz-Lindemann konnte ich einfach nicht widerstehen. Karin, Schriftstellerin (ihr Buch *Wege heimwärts* ist in der Übersetzung des Dichters Avraham Huss im Verlag Sifriyat Po'alim erschienen), Dozentin für deutsche Literatur, eine sensible und engagierte Frau, half entscheidend mit, *Hand in Hand mit Tommy* auf deutsch erscheinen zu lassen. Ihr Mann Kuno, Philosophieprofessor und anerkannter Linguist, Mathematiker und ein geselliger Mensch, nahm mich durch seine ruhige Ausgeglichenheit gefangen, durch seinen Humor und die Herzlichkeit, die er ausstrahlt. Eine grüne Schürze umgebunden, öffnete Kuno die Tür und sagte auf hebräisch zu Mimi und mir: »Shalom, ihr seid zuhause.« Dann fügte er auf deutsch hinzu: »Ich hoffe, ihr werdet das bescheidene Mahl mögen, das ich euch zu ehren gekocht habe.«

Die intensiven Gespräche mit Karin und Kuno; ihr persönliches Verantwortungsgefühl für die Verbrechen der Nazis (der Dichter Yehuda Amichai schreibt in seinem Hörspiel *Glocken und Züge*: »Und das ist Schwester Theresa ... sie ist gütig. Sie sühnt die Sünde der Deutschen. Nur wer nichts Schlechtes getan hat sühnt. Die anderen tummeln sich im Wirtschaftswunderland«); Karins selbstquälerische Zweifel: Hätte ich den Mut gehabt, mich gegen die Gestapo zu stellen und Juden zu helfen, oder wäre ich aus Furcht um meine Kinder und meinen Mann untätig geblieben? Das Konzert, das die beiden für uns gaben, Karin auf der Querflöte und Kuno am Cembalo, wobei er pfeifend auch noch den Part des Cellos übernahm – dies alles sind Momente des Glücks für mich, die ich in meinem Herzen bewahrt habe.

Als der Golfkrieg ausbrach, rief Kuno an und lud unsere gesamte Familie in sein Haus ein. »Karin und ich warten auf euch. Das Haus und unser Herz stehen euch offen.« Ich dankte Kuno und erwiderte, ich beabsichtige nicht aus Jerusalem zu flüchten. »Ich dachte mir, daß du das sagen würdest. Sag Mimi unsere Liebe, und auch deinen Eltern und den Kindern. Wir sind in Gedanken bei euch.«

Kurze Zeit nach dem Ende des Krieges kamen Karin und Kuno nach Israel, um Freunde wiederzusehen, sehr enge Freunde. Der letzte Tag ihres Aufenthalts in Jerusalem fiel genau auf den Yom HaShoah, den israelischen Holocaust-Gedenktag. Mimi bestellte ein Taxi und fuhr mit den beiden zum zentralen Busbahnhof. »Nicht, daß ihr erschreckt«, warnte sie unsere Gäste. »Gleich wird das Sirengeheul während der Schweigeminute zum Yom HaShoah zu hören sein. Es ist also kein Alarm.« Wenige Augenblicke danach ertönte das durch Mark und Bein gehende Geheul. Mimi forderte den Fahrer auf anzuhalten, stieg aus dem Taxi und verharrte schweigend. Karin und Kuno stürzten ihr nach und nahmen sie von beiden Seiten in den Arm.

So standen am Yom HaShoah, engumschlungen auf einer Straße in Jerusalem, Mimi und unsere beiden deutschen Freunde.

Vor einiger Zeit habe ich von einem betagten amerikanischen Freund folgende Geschichte gehört:

»Als meine Tochter erfuhr, daß ich beabsichtige, nach Israel zu fahren, schrieb sie einen kleinen Zettel und bat mich, diesen zwischen die Quader der Klagemauer zu stecken. Mein achtjähriger Enkel, der unserem Gespräch lauschte, fragte, für wen der Brief bestimmt sei, und meine Tochter erklärte ihm, daß sie an Gott schreibe. ›Ich will ihm auch etwas schreiben‹, rief der Junge und schrieb. Als er fertig war, betrachtete er das Blatt und meinte: ›Ich fürchte, Gott wird meine Kritzelschrift nicht lesen können.‹ Worauf er an seinen Computer ging, einen neuen Brief ausdruckte und diesen in ein Kuvert steckte. ›Hat Gott auch eine Adresse mit Postleitzahl?‹ wollte er dann wissen. ›Ich weiß nicht, aber mach dir keine Sorgen, Großvater wird den Brief in die Mauer stecken, so daß er bestimmt ankommt.‹

Im Flugzeug wurde meine Neugierde übermächtig, und ich öffnete den Brief meines Enkels.

›Lieber Gott,
danke, daß ich hier bin.
Dein Adam.‹«

Der Zettel, den der achtjährige Adam an Gott geschickt hat, ist so etwas wie das Dankgebet eines kleinen Jungen, der in seinem Herzen den Glauben von Großmutter Bluma und Großvater Siegmund trägt. Ein kleiner Junge, der Dank sagt dafür, daß er lebt, und der spürt, sein Leben hat Sinn und Bedeutung.

Adams Unschuld ging mir verloren, als ich am Stacheldrahtzaun stand, der unsere Baracke umgab, und die Karawanen ausgemergelter Juden betrachtete, die aus Auschwitz ins Lager kamen. Die untote Gestalt der kleinen Ruthi tanzt mir vor Augen, verschleiert meinen Blick und macht es mir schwer, das Loch in den Wolken zu finden. Und dennoch, wenn ich ein mit Quark (und einer Prise Thymian) bestrichenes Schwarzbrot esse, wenn ich auf dem Weg nach Jerusalem bei Sha'ar HaGai die Mandelbäume blühen sehe, wenn ich mich freundschaftlich mit meinem Bruder Shlomo unterhalte (der nach dem Krieg geboren ist), wenn ich an meinen Sohn und meine Tochter denke, die beide in der israelischen Armee gedient haben, wenn ich meine Enkelkinder betrachte, die vor ihrem hochmodernen Computer sitzen, wenn ich meine Finger durch das lockige, von Silberfäden durchzogene Haar meiner Frau gleiten lasse, wenn ich meine Eltern sehe, die in ihrem gepflegten Seniorenheim in Regba auf dem Balkon sitzen (Mutter strickt unermüdlich Socken aus alten, wieder aufgeribbelten Wollresten), und vor allem, wenn unsere Familie in meinem Haus zusammenkommt – vier Generationen jüdischer Israelis –, dann muß ich einfach das Wunder preisen und sagen: Danke, daß ich hier bin. Danke, daß ich in Jerusalem lebe!

Wer zweimal geboren wurde, ist verpflichtet, Dank zu sagen und zu erzählen.

Eine allerletzte Geschichte, die ich von David Gutman gehört habe, einem Automechaniker aus Jerusalem. David, ein gläubiger Jude, erzählte ganz unbefangen, während er dabei war, die Scheinwerfer meines Wagens zu justieren: »In Auschwitz war ich in der Baracke, in der die jungen Burschen untergebracht waren, die in der Fabrik arbeiteten. Eines Abends sagte der Rabbiner, der bei uns war, zu mir: ›Ein Jude hat mich gebeten, ihm ein Urteil nach der Halacha* zu fällen, und ich brauche einen Zeugen, der den Urteilsspruch hört. Bist du bereit, der Zeuge zu sein?‹ ›Ich bin bereit‹, sagte ich und trat an seine Pritsche.

Ich war damals gerade mal sechzehn und verstand nicht, was der Rabbi von mir verlangte. Der Bittsteller war ein erwachsener Mann. Er sprach flüsternd, auf jiddisch: ›Ich habe erfahren, daß der Blockälteste gezwungen ist, den Deutschen eine Liste von Häftlingen zu geben, die in die Duschen geschickt werden sollen. Mein Junge steht auch auf dieser Liste. Ich habe, für Notfälle, einen wertvollen Diamanten im Anus versteckt. Wenn ich diesen Diamanten dem Blockältesten gebe, wird er meinen Jungen von der Liste streichen und an seiner Stelle jemand anderen einsetzen. Ist es mir erlaubt, mein Kind auszulösen?‹

Der Rabbi seufzte, überlegte einen Moment und antwortete dann: ›Der Rambam* hat hierzu bereits sein Urteil gefällt. Aber ich befreie dich von der Pflicht, der Halacha gemäß zu handeln, und gestatte dir, das zu tun, was dein

Gewissen dir befiehlt. Verstehst du meine Auslegung?‹
›Ja, ich verstehe‹, antwortete der Jude mit gebrochener
Stimme.

›David, hast du gehört, was ich gesagt habe?‹ ›Ja, Rabbi‹,
bestätigte ich. Am nächsten Tag, noch vor dem Morgen-
appell, traf ich den Vater«, schloß David seine Geschichte.

»›Der Rambam hat bestimmt, daß mir untersagt ist, meinen
Sohn zu retten und dadurch einen anderen Jungen in den
Tod zu schicken‹, sagte der Mann. ›Und ich habe beschlos-
sen, das Urteil anzunehmen.‹

Die Scheinwerfer sind jetzt richtig eingestellt, Shmu'el. Du
kannst den Wagen anlassen. Gute Fahrt!«

»Wieviel bekommst du?«

»Gar nichts. Das ist Dienst am Kunden.«

Die Probe, auf die der Vater gestellt wurde, ist in meinen
Augen mit der Opferung Isaaks zu vergleichen. Nur daß
diesem Nachkommen Abrahams, der an Gott glaubte und
seinen Sohn fesselte, kein erlösender Widder gesandt wurde. David Gutman, der Zeuge, hält unverändert an IHM,
gelobt sei ER, fest. Wie es ihm gelingt, seinen Glauben zu
bewahren? Gottes Wege sind unerforschlich.

Ein Jahr nachdem mein Buch in Hebräisch erschienen
war, rief mich David Gutman an. »Ich habe dein Buch
gelesen, Shmu'el«, sagte er. »Ich bin immer noch ein treu
glaubender Mensch und führe ein religiöses jüdisches Leben – wie du es beschrieben hast. Aber ich habe meine
Zweifel! Kürzlich besuchte ich Yad Vashem* und sah ein
Bild mit einem nackten Juden und dessen Enkel, kurz vor
deren Erschießung durch die Einsatzgruppen. Der kleine
Junge fragte seinen Großvater etwas, und der alte Mann
hatte seine Hand zum bewölkten Himmel ausgestreckt. Er
antwortete dem Kind. Seit ich dieses Bild gesehen habe,

überlege ich, was wohl der Junge gefragt hat und welche
Antwort der alte religiöse Jude gab.«

* * *

Die in dem Band *Habe ich Anne Frank gesehen?* versammelten Texte sind mit Beginn der späten siebziger Jahre
entstanden. Die Erzählungen »Die erste Kerze zu Chanukka« und »Die Sache mit der Kutsche« basieren auf
Ereignissen, die meine Mutter, Hilde Huppert, bereits in
ihrem Buch *Hand in Hand mit Tommy* erwähnt. »Habe
ich Anne Frank gesehen?« und »Der Zaddik aus Dortmund« sind im Zusammenhang mit Vorträgen geschrieben, die ich anläßlich des Erscheinens der deutschen Ausgabe von *Hand in Hand mit Tommy* hielt. Die Erzählung
»Meine Apfelbaumplantage« bringt die Weltsicht eines
Israelis zum Ausdruck, für den es »keinen anderen Ort
gibt«, um mit den Worten Josef Chaim Brenners zu sprechen. Diese Geschichte, die ein Erlebnis aus den fünfziger
Jahren nachzeichnet, wurde in den Tagen des Golfkriegs
geschrieben. Die hier versammelten Erzählungen sind zum
Teil bereits in Zeitschriften und in den Literaturbeilagen
israelischer Tageszeitungen erschienen. Einige von ihnen
wurden ins Englische, Jiddische und Russische übersetzt.
Annähernd zwei Jahre nach meinem Besuch in Teschen,
meiner Geburtsstadt (im Sommer 1990), trat mir die Gestalt des bebrillten tschechischen Schaffners vor Augen,
dessen abgetragener Anzug zu eng für seinen fülligen
Körper war und dessen Dienstmütze mit demonstrativer,
rebellischer Nachlässigkeit schief auf seinem Kopf saß. Als
ich ihn so vor mir sah, ging mir wieder und wieder eine

Zeile durch den Kopf: »Im Transitzug, der Tschechien durchquert und bis nach Warschau geht, gibt es keinen Speisewagen.« So begann ich meine ›verspätete Rückkehr‹, die ich in der Novelle »Ein Gläschen für Bertha« rekonstruiert habe. Ich schrieb die Geschichte in einem Atemzug, wie eine Lokomotive, die auf den Gleisen ihres Lebens Waggons hinter sich her zieht. Denn die Familiengeschichten sind Teil meiner selbst, solange ich zurückdenken kann, und vielleicht sogar noch erheblich länger. Die Zeile »Im Transitzug ...« wurde von der Diskette gelöscht, nachdem der Zug die Endstation erreicht hatte. Auch in dieser Geschichte habe ich Realität und Erdachtes vermischt. Daher habe ich weder die Stadt noch die Personen (meine Familienangehörigen ausgenommen, deren Andenken ich bewahren wollte) namentlich genannt. »Ein Gläschen für Bertha« ist eine Geschichte, die sich so zugetragen hat – und wiederum auch nicht. Das frei Erfundene ist ihre Wahrheit. In diesem Zusammenhang erinnere ich mich an die erhellenden Worte Me'ir Shalevs: »Auch die Lügner wissen sehr wohl, daß Wahrheit und Dichtung nicht im Widerspruch zueinander stehen. Gute Nachbarinnen sind sie, die einander nach dem werten Befinden fragen und sich gegenseitig leihen, was gerade benötigt wird.« (aus Me'ir Shalev: *Judiths Liebe*)

Die Gestalt meines Großvaters Selig Biegeleisen, des Vaters meiner Mutter, diente mir als Inspirationsquelle für den Roman *Schöne Juden*. Großvater Siegmund, der Vater meines Vaters, wurde in Gestalt des reichen Textilfabrikanten Stern Teil dieser Geschichte. Nachdem ich so meine Schuld bei Großvater Selig abgetragen hatte, nahm ich an, er würde mich von nun an in Frieden lassen, aber kaum hatte ich ihn in der Novelle »Ein Gläschen für Bertha« nur erwähnt, entstieg Großvater Selig seinem Grab und ließ erneut nicht von mir ab. Mit seinen kurzen Beinen kam er hinter mir hergestapft, tippte mir mit dem Finger energisch auf die Schulter, forderte, ich solle mich umdrehen, um in sein bärtiges Gesicht und seine glühenden Augen zu blicken. Ich wollte mich ihm entziehen, wußte aber, daß er nicht eher lockerlassen würde, bis ich niedergeschrieben hätte, was er mir zu sagen hatte. Wort für Wort. Und so entstand die Geschichte »Großvater Selig«.

Daß ich der Erpressung durch meine Helden erliege, zeugt davon, wie sehr die Lebenden und die Toten mein Leben und Schreiben beeinflussen, belegt die Tatsache, daß ich bereit bin (vielleicht mich sogar danach sehne), ihren Willen zu dem meinen zu machen.

Das Essay »Von Bergen-Belsen nach Jerusalem« beinhaltet Überlegungen und innere Konflikte, die aus der doppelten Existenz eines in Israel lebenden Holocaustüberlebenden resultieren. Überlegungen zur schmerzhaften Spannung zwischen Erinnern und Vergessen, Nachdenken über die Möglichkeiten, Erlebnisse, die ich am Zaun von Bergen-Belsen machte, und ihnen eine literarische Ausdrucksform zu verleihen, und nicht zuletzt Gedanken zum komplizierten Beziehungsgeflecht zwischen mir und den Deutschen, heute, am Ende des Jahrhunderts und des Jahrtausends. In diesem Essay finden sich mehr persönliche Geschichten als eindeutige Antworten. Denn wer versucht, an diesen sensiblen Themen zu rühren, kommt mit dem Feuer in Berührung. Und der Asche.

* * *

Ich möchte Herrn Professor Avner Holzmann meinen Dank und meine Hochachtung zum Ausdruck bringen dafür, daß er das Manuskript gelesen und mit seinen wohlüberlegten und sachdienlichen Bemerkungen versehen hat. Ein Dank auch an Dr. Leo Pavlat, der als Kulturattaché der tschechischen Botschaft in Israel tätig war (heute Leiter des Jüdischen Museums in Prag) und die Novelle »Ein Gläschen für Bertha« gelesen hat. Dr. Pavlat half mir, eine genaue Vorstellung von der besonderen Prägung der kommunistischen Herrschaft in der Tschechoslowakei zu bekommen und über die stille, schwejkische Art der liberalen Kreise von Prag, diese zu bekämpfen.

Vielmals gedankt sei dem Lektor dieses Buches, dem Dichter Nathan Yonathan, der half, der Geschichte »Habe ich Anne Frank gesehen?« ihre endgültige Fassung zu geben. Und schließlich ein herzlicher Dank an meine Frau Mimi, die mich auf all meinen Reisen begleitet hat und mir in Augenblicken von Verwirrung und Verzagtheit eine große Stütze war. Mimi ist stets die erste Leserin meiner Geschichten, und ich bin auf ihre Kritik angewiesen.

Jerusalem, im April 1997

In meinen Dank möchte ich jene einbeziehen, die an der deutschen Veröffentlichung meines Buches beteiligt waren: den Übersetzer, Herrn Markus Lemke, für seine einfühlsame und dichterische Übersetzung ins Deutsche, die Lektorin, Frau Angelika Vogt, für die effiziente Sachkenntnis und die Fürsorge um die vorliegende Ausgabe sowie die Bundeszentrale für politische Bildung und deren Präsident Herrn Dr. Günter Reichert, mit dem mich eine langjährige freundschaftliche Beziehung verbindet.

Jerusalem, im Juni 1999

Glossar

Bejt Knesset: (Beit Knesset, hebr. Haus der Versammlung) Synagoge.

Challa, pl. Challot: Weißbrotzopf für den Vorabend des Schabbat, der auf die sogenannte »Hebe« zurückführt, jenen Teil des Brotteigs, der nach religiösem jüdischen Gesetz beim Brotbacken weggenommen und verbrannt, also geopfert werden muß.

Chanukka: (hebr.: Einweihung) Achttägiges Weihefest zur Erinnerung an die erneute Weihe des Zweiten Tempels nach dem Sieg der Makkabäer über die Griechen.

Chassiden: Chassid, pl. Chassidim (»die Frommen«), Anhänger des Chassidismus, einer religiösen Bewegung, die im 18. Jahrhundert in Polen entstand.

Cheder: (hebr.: Zimmer, Kammer) Traditionelle jüdische Elementarschule für Knaben vom 4. bis 13. Lebensjahr.

Chupa: Hochzeitsbaldachin bei einer jüdischen Trauung.

Erez Israel: (hebr.: Land Israel) Traditionelle jüdische Bezeichnung für Palästina vor der Staatsgründung. Impliziert die kontinuierliche Verbundenheit mit dem Land Israel seit biblischer Zeit.

Gemara: (Lernen) Bezeichnet den eigentlichen Talmudtext, der im Talmud durch die Mischna ergänzt wird. Beides ergibt eine Sammlung von Ausführungen, Diskussionen und Kommentaren. Die Gemara behandelt u.a. Fragen der Halacha und große Teile der Aggada (Fabeln, Gleichnisse, die auf Ideen, die hinter ethischen und religiösen Anschauungen der Schrift stehen, basieren).

Goj, Goja, Gojim: (hebr.: Nichtjude, Nichtjüdin, Nichtjuden) Zunächst Bezeichnung für Volk oder Nation, sowohl bezogen auf heidnische Völker (Jes. 8,23) als auch auf das Volk Israel (Dtn 4,6). Erst später hat der Begriff eine Präzisierung erfahren und wird heute im erstgenannten Sinn verwendet.

Halacha: (hebr.: Gehen, Wandeln) Der Begriff bezeichnet das gesamte »gesetzliche« System des Judentums. Die Halacha besteht aus mündlichen sowie schriftlichen Überlieferungen, die einem stetigen geschichtlichen Wandel unterworfen waren, und beschreibt rechtlich und ethisch verbindliche Ge- und Verbote zum Lebensinhalt und zur Lebensführung eines Juden – eine Trennung von Säkularem und Religiösem gibt es nicht.

Hashomer Hatza'ir: (hebr.: der junge Wächter) 1913 in Galizien gegründete linkssozialistische, zionistische Jugendorganisation, die in Palästina am Aufbau zahlreicher Kibbuzim beteiligt war und mit der Zeit zu einer politischen Partei wurde.

Jeschiwe, Jeschiwa: (hebr.: Sitzen, Sitzung) Religionsschule, Einrichtung, in der anhand der jüdischen Traditionsliteratur (besonders des Talmud) Schüler unterwiesen und ausgebildet werden.

Jischuw: (hebr.: bewohntes Land) Bezeichnet die Gesamtheit der jüdischen Siedlungen und Einwohner in Palästina von Anbeginn der zionistisch motivierten Einwanderung ab ca. 1882 bis zur Gründung des Staates Israel 1948.

Kaddisch: Jüdisches Totengebet.

Kippa: Kopfbedecken, die von Männern seit dem 14. Jahrhundert zunächst bei religiösen Anlässen, später auch im Alltag getragen wurde.

Lehavdil: (hebr.: Es soll unterschieden sein!) Traditionelle Redensart, die daran gemahnt, Religiöses und Profanes nicht in einem Atemzug zu nennen.

Ma'oz Tzur Yeshu'ati: (hebr.: Oh Bollwerk, Feste meines Heils) Titel und Anfang eines Chanukkaliedes.

Mikwe: Rituelles Tauchbad, das seit ältesten Zeiten obligatorische Institution jeder jüdischen Gemeinde ist. Der Besuch der Mikwe ist vor allem Frauen nach der Menstruation und nach der Entbindung vorgeschrieben.

Minjan: (hebr.: Zahl) Meint die Mindestanzahl von zehn männlichen, religionsgesetzlich mündigen Personen, die zur Abhaltung des jüdischen Gottesdiensts verbindlich festgeschrieben ist.

Mizwa: (hebr., pl. Mizwot: Gebot; jidd.: Mizwe) Religiöse Ge- und Verbote im Judentum, die auf die Thora zurückgeführt werden. Insgesamt werden 613 Mizwot gezählt, 248 Gebote (»Du sollst!« – *Mizwot Asseh*) und 365 Verbote (»Du sollst nicht!« – *Mizwot Lo Ta'asseh*).

Mussafgebet: Gebet, das am ersten Tag eines Monats, am Schabbat und an Feiertagen zu den üblichen Tagesgebeten ergänzt wird. Es erinnert an die Opfergaben im Tempel.

Rambam: (hebr. Amagram der Inatialen Rabbi Moses ben Maimon) Gängige Bezeichnung für Maimonides (1135-1204), Arzt und größter jüdischer Philosoph des Mittelalters. Verfasser der Mischne Thora, einer vierzehnbändigen Neuordnung und systematischen Darstellung des jüdischen Gesetzes, die bis auf den heutigen Tag verbindlichen Charakter besitzt.

Roggalech: Halbmondförmiges Hefegebäck, Schokoladenhörnchen.

Schaufäden: (Zizit) Die Schaufäden sollen an die Erfüllung der religiösen Pflichten erinnern (vgl. Num 15,37: Hier wird das Tragen von Quasten oder Schaufäden an den vier Zipfeln des Gewands als Mizwa erwähnt).

Schidduch: (hebr.: Ehestiftung, Ehevermittlung) Bezeichnet Verhandlungen zwischen den Familien des Bräutigams und der Braut um eine mögliche Ehe bzw. eine vorläufige Entscheidung dazu. Besonders in der ostjüdischen Tradition ging mit einer solchen Art Verlobung auch ein gewisser vertraglicher Akt einher.

Sh'ma Jisrael: Beginn des Schriftverses »Höre Israel, der Herr, unser Gott, der Herr ist einer/einzig« (Dtn 6,4ff); zentrales jüdisches Gebet, Glaubensbekenntnis.

Tallit: (hebr.: Gebetsmantel) Meint hier den sogenannten kleinen Gebetsmantel (*Tallit Katan*), der auch *Arba Knafot* / Vier Ecken genannt wird, zumeist ein ungesäumtes, rechteckiges Stück Tuch mit Halsausschnitt und Schaufäden an den vier Ecken, das als tägliches Bekleidungsstück von gläubigen Juden unter der Kleidung getragen wird.

Tscholent (Tschulent): traditionelles jüdisches Schabbatgericht aus Fleisch, Kartoffeln und Gemüse.

Yad Vashem: (hebr.) »Denkmal und Gedächtnisstätte«; am 19.8.1953 beschloß die Knesset die Errichtung einer Gedächtnisstätte für die Helden und die Opfer der Shoah. Neben Denkmalstätten besitzt Yad Vashem ein Museum, eine Bibliothek und ein Archiv.

Yom Kippur: (hebr.: Tag der Versöhnung) Wichtigster Feiertag der jüdischen Religion, der am zehnten Tag des Monats Tischri mit einem Fastentag begangen wird. An Yom Kippur wird um die Vergebung für die Sünden des letzten Jahres gebetet.

Zaddik: (hebr.: Gerechter) Jemand, der rechtschaffen lebt und gerecht handelt. Im Chassidismus gilt der Zaddik als Vermittler zwischen Gott und den Menschen. Er wurde von seinen Anhängern verehrt, heilte, gab Ratschläge und tat Wunder.

Inhalt